KB212495

그래, 사는 거다!

그래, 사는 거다!

2014년   3월 17일 교회인가
2014년   9월 25일 1판 1쇄 발행
2022년 10월 15일 1판 9쇄 발행

지은이 | 전원
펴낸이 | 이순규
펴낸곳 | 바오로딸

01166 서울 강북구 오현로7길 34
등록 | 제7-5호 1964년 10월 15일
전화 | 02) 944-0800   팩스 | 987-5275

취급처 | 중앙보급소
전화 | 02) 984-3611   팩스 | 984-3612
ⓒ 전원 · 2014 FSP 1340

값 13,000원

이메일 | edit@pauline.or.kr
인터넷 서점 | www.pauline.or.kr 02) 944-0944
ISBN 978-89-331-1187-1 03230

그래, 사는 거다!

전원 신부의 영성 편지

전원 지음

바오로딸

하느님의
커 다 란
눈 동 자

신학교 시절 제가 살던 방에는 한 폭의 그림 같은 창문이 있
었습니다. 창문 너머 보이던 낙산의 아름다운 숲과 성벽과
하늘은 오랜 시간이 지난 지금도 제 가슴 깊이 남아있는 풍
경화입니다. 온 언덕에 연초록 새싹이 돋아나는 봄, 푸른 신
록의 여름, 우수수 낙엽이 지는 가을, 겨울의 시작을 알리는
첫눈이 내릴 때의 설렘…. 나의 창문은 시시때때로 계절의
윤회輪回를 알리며 아름다운 그림을 제 가슴에 차곡차곡 채
워주었습니다.

　그러나 제가 가장 잊지 못하는 선물은 창문으로 스며드는

밤 풍경입니다. 신학교에 불이 꺼지고 모두가 잠을 청하는 늦은 밤이면, 저는 종종 옅은 녹차 한 잔 받쳐 들고 가만히 창가에 서서 밤 풍경과 마주하곤 했습니다. 모든 것을 깊은 침묵과 어둠으로 삼켜버린 밤 풍경은 아름다운 비밀을 간직한 커다란 예술품으로 보였습니다. 마치 묵직한 담묵색의 동양화처럼 밤 풍경은 저에게 무언無言의 이야기를 숱하게 건네왔습니다. 별빛이 유난히 밝은, 풀벌레 소리 나는 가을밤이면 내면 깊숙이 투명하게 스며드는 신비의 세계에 서있는 듯했습니다.

　귀를 아프게 하는 한낮의 소음도, 종종걸음 치며 살아가는 바쁜 사람들의 모습도, 그 모든 것을 먹물로 지워버린 원시 원형의 그 신비의 세계, 그 앞에서 가장 정직하고 진실한 나와 마주할 수 있었습니다. 낮 동안 너스레를 떨던 모습의 나는 간데없고, 존재 저 밑바닥에서 오로지 하루의 죄스러움과 부끄러움만 남아있는, 가련하게 하느님을 찾아 헤매는 외로운 한 마리 양만이 거기에 있었습니다. 그래서 누군가 밤은 천 개의 눈을 가졌다고 했는지도 모릅니다.

얼마 전 참으로 오랜만에 늦은 밤 녹차 한 잔을 받쳐 들고, 사제관의 창가에 서서 밤 풍경을 내다보았습니다. 멀리 거인이 잠을 청하며 누운 듯 산 그림자가 드리워져 있고, 아직 잠을 이루지 못한 도시의 불빛이 밤을 지키고 있었습니다. 신학교의 그 아름다운 밤 풍경은 아니더라도, 모든 것이 어둠 속에 묻혀버리고 홀로 내 존재만을 만날 수 있는 그 자체로 밤은 여전히 저에게 소중한 시간입니다.

또 밤은 기다림의 시간이며, 고백의 시간입니다. 딱히 누구라고 집어 말할 수는 없지만 스쳐 지나가는 보고 싶은 얼굴들이 떠오르고, 가슴 아픈 사건과 사연들을 어둠 속에서 재회합니다. 참 많이도 좋은 사람들을 만났고 그 무엇으로도 갚을 수 없는 사랑을 받아왔습니다. 누군가의 기도의 힘으로 내가 나를 지탱하고 있음을, 초라하고 보잘것없는 이 몸뚱이를 보이지 않는 힘이 하루하루 살게 하고 있음을, 밤 풍경은 저에게 알려주었습니다.

이제 밤을 더 깊이 만나는 연습을 하렵니다. 아무것도 보이지 않는 깊은 침묵이 있어 좋고, 마음의 눈이 열려 진실한 나를 마주하기에 좋은 밤, 그 밤을 보여주는 나의 창문을 '하느님의 커다란 눈동자'라고 부르겠습니다.

오늘도 모든 이가 잠든 밤에 홀로 옅은 녹차 한 잔 받쳐 들고 창가에 서야겠습니다. 그리고 그분 앞에서 속속들이 순전한 나를 만나야겠습니다. 그 자리에 독자 여러분을 초대합니다.

이 책은 사제로 살아오면서 「말씀지기」, 「성서와 함께」와 같은 교회 잡지나 회보, 주보 등에 게재한 글을 모아서 수정 보완하여 엮은 것입니다. 여기저기 흩어진 부족한 저의 글을 성바오로딸수도회에서 정성껏 편집해서 책으로 발간해주셨습니다. 글이 책으로 나오기까지 수고와 격려를 해주신 모든 분들께 진심으로 감사드립니다.

2014년 중곡동에서
전원

저
　　사람은
얼마나
행복할까

사
랑
에
대
하
여

존John이라는 수사님이 계셨습니다. 아흔이 넘으신 분으로,
제가 캐나다 유학 시절 머물던 수도원에서 가장 고령이던
할아버지 수사님이셨습니다. 그분은 방에 낡은 옷 몇 벌 걸
어놓고 늘 무뚝뚝한 표정으로 사셨습니다. 아침마다 쓰레기
통을 뒤져서 쓸 만한 물건을 분리해 놓고, 이발비를 절약하
려고 먼 차이나타운까지 걸어서 다녀오곤 하셨습니다. 차가
없으면 불편한 나라이기 때문에 수도자들도 대부분 차를 소

유하고 있었지만 유일하게 존 수사님만 차가 없었습니다. 먼 거리를 이동할 때도 동료의 차를 얻어 타지 않고 한참을 기다려서라도 혼자서 버스를 타고 다니셨습니다. 저는 고집스럽고 무뚝뚝한 그 할아버지 수사님을 좋아해서 영어도 배울 겸 손주처럼 매달려 대화를 나누곤 했습니다.

그런데 존 수사님 방을 방문할 때마다 한 가지 궁금한 것이 있었습니다. 조그만 책상머리에 소중한 듯 붙여놓은 아름다운 중년 여인의 사진이었습니다. 어머니일까 누이일까 늘 궁금해하다가 어느 날 슬며시 누구인지 물었습니다. 갑작스런 저의 질문에 수사님은 잠시 머뭇거리다가 부끄러운 듯 빙그레 웃으시며 "마이 비러브드My beloved!"(사랑하는 여인) 하고 짧게 대답하셨습니다. 늘 목석같이만 보이던 수사님에게서 의외의 말을 듣고는 호기심이 동해 마치 취조 나온 형사처럼 이런저런 질문을 해댔습니다.

그 여인은 수사님이 50대 중반을 지날 즈음 병으로 오랫동안 병원에 입원해 있을 때 간호를 해주던 간호사였습니다. 세상을 떠난 지 오래지만 수사님은 자신을 돌보아 준 천사 같은 그 간호사를 잊지 못하고 사진을 걸어두고 계신 것이었습니다. 얼마나 오랫동안 만나고 사랑했는지 대답을 해

달라고 졸라댔지만 그분은 미소만 지을 뿐 더 이상은 입을 열지 않으셨습니다. 다만 사진을 바라보는 눈가에 추억일까 그리움일까 잠시 스쳐가는 알 수 없는 표정만이 무엇인가를 말하고 있었습니다.

오래전에 상영된 리처드 애튼버러Richard Attenborough, 1923-2014 감독의 영화 〈섀도우랜드〉가 생각납니다. 영국의 시인이자 소설가, 사상가로 우리에게도 잘 알려진 C. S. 루이스C. S. Lewis, 1898-1963의 자전적 이야기를 영화로 만든 것입니다. 옥스퍼드 대학의 교수였던 루이스는 냉철하고 이성적인 지성인이었습니다. 그는 50이 훨씬 넘기까지 조용히 연구와 저술에만 전념하면서 이성에는 별 관심 없이 독신으로 살고 있었습니다.

그러던 어느 날 미국에서 조이 그레셤Joy Gresham, 1915-1960이 찾아옵니다. 그레셤은 지적이며 감성이 풍부하고 활달한 시인이었는데, 루이스는 그레셤을 만나면서 처음으로 이성에 마음이 끌리기 시작합니다. 그는 남편과 이혼하고 영국으로 온 그레셤이 데려온 아들과 함께 영구히 영국에 체류할 수 있도록 계약결혼까지 해줍니다. 그러면서도 그레셤에 대한 감정을 애써 회피하며 자신이 살아온 방식대로 독신을 고수합니다.

그러나 그레섬이 악성 골수암 진단을 받고 가망 없다는 선고를 받자 루이스는 자신이 그녀를 진정으로 사랑하고 있었음을 인정하게 됩니다. 마침내 그는 그레섬에게 사랑을 고백하고 정식으로 청혼합니다. 결혼 후 루이스의 정성과 애절한 사랑에도 불구하고 그레섬의 병세는 악화되어 갔고 결국 두 사람은 짧은 만남만을 허락받고 영원한 이별을 하게 됩니다. 루이스는 늘 고통은 조각가가 돌을 다듬듯 불완전한 인간을 완전하게 하는 과정이라고 가르쳤지요. 그러던 그가 사랑하는 그레섬을 떠나보내고 이렇게 절규합니다. "고통은 그냥 고통일 뿐이야!"

실화를 바탕으로 만든 이 영화는 루이스가 사랑하는 여인을 떠나보내고 고통스럽게 울부짖는 바로 이 장면에서 절정에 이릅니다. 사랑이 슬픔을 토해내는 바로 이 순간, 명철하고 고고한 지성인 루이스는 사라지고 나약하고 순전한 인간 루이스의 본모습만 남습니다. 그 고통의 순간 개념으로만 알던 사랑이 현실로 다가와 루이스를 엄습하며 진정한 인간으로 거듭나게 한 겁니다. 이 장면은 남녀의 사랑이 고루하게 전개되던 흐름을 완전히 바꾸면서 영화 전체를 아름답게 만듭니다. 사랑하는 여인을 잃고 가장 슬펐던 그 순간 인생의 진실을 마주한 그의 삶도 영화만큼 아름답게 바뀝니다.

도종환 시인은 꽃은 흔들리면서 피어난다고 했지요. 사람도 꽃처럼 흔들리면서 성장하고 아름다워집니다. 때로는 사람들이 수군거리는 스캔들처럼 보일지라도 세상의 모든 사랑은 우리 삶을 흔들어서 성장시키고 아름답게 만듭니다. 중요한 것은 흔들리더라도 부러지지 않고 엎어지더라도 드러눕지 않는 겁니다. 이런 사랑은 갈등과 고통을 동반하지만 결국은 그 본래의 목적지에 이르게 합니다. 우리는 사랑을 통해서 진정으로 사는 법을 배웁니다.

존 수사님이 아름다워 보인 것은 평생 엄격한 계율을 지킨 철저함과 냉정함 때문인 것 같지 않습니다. 오히려 수도 생활의 한복판에서 자신의 삶을 온통 흔들었던 사랑, 잊을 수 없는 그 사랑이 수도자로서의 삶을 더 깊이 있게 살도록 한 것입니다. 그분의 무뚝뚝함에서 배어나오는 따뜻한 온기, 눈가에 흐르는 고독과 그리움이 저에게 그런 말을 전해 주었습니다.

할아버지 수사님은 지금쯤이면 100세를 훌쩍 넘기셨을 것입니다. 아직 살아계실지 아니면 이미 하늘나라에 계실지 알 수 없습니다. 다만 수사님은 지상에서 사랑한 한 여인을 통해 영원한 사랑이신 하느님을 만나셨을 것입니다. 반대로 하느님은 한 여인을 통해 엄격하고 냉철한 한 수도자에게 당신 사랑의 얼굴을 보여주셨을 것입니다. 저는 그렇게 믿습니다. 우리 인간의 사랑, 비록 그것이 우리 눈에는 통속적으로 보일지라도 그 깊은 곳에는 분명 하느님이 계십니다. 하느님은 사랑이시기 때문입니다.1요한 4,8

본당 신부로 있을 때의 일입니다. 한번은 교회 인터넷 게시판에 저를 고발하는 내용의 비난 글이 올라왔습니다. 성당에 불필요한 공사를 추진하면서 가난한 신자들에게 건축헌금을 강요하고, 간신배 같은 사람하고만 어울리면서 불쌍한 신자들을 울리고 있다는 내용이었습니다. 하루 만에 수백 명이 이 글을 조회하면서 저는 교회 인터넷 구설의 중심에 서게 되었습니다.

그렇게 된 것은 본당에서 추진하던 장애인 시설 공사 때문이었습니다. 당연히 있어야 할 장애인 시설이 전혀 없어 벌인 공사였는데, 문제는 본당이 오래된 아름다운 석조 건물로 되어있어 공사가 쉽지 않다는 점이었습니다. 본 성전까지 한 층 높이도 되지 않아 엘리베이터를 설치하는 것은 자칫 건물의 외관을 손상할 뿐 아니라 경제성이나 효율성 면에서 보면 전혀 합당치 않은 일이었습니다. 엘리베이터의 효율성을 살리려면 공간을 늘려야 했고 그러려면 공사비가 증액되어야 했습니다. 당연히 신자들은 이런 공사에 반대하기 마련이고, 저는 고민 속에서 망설일 수밖에 없었습니다.

그런데 아는 장애인 형제 한 분이 저를 만나기 위해 멀리서 본당으로 찾아온 일이 있었습니다. 그분은 휴대전화를 쓸 수 없는 지체장애인이라 저에게 연락할 수가 없었습니다. 본당에 장애인 시설이 전무한 상태라 이동할 때 전동 휠체어에 의지해야 하는 그분은 성전까지 올라갈 수 없는 것은 물론이고 성당 사무실도, 화장실도 가지 못한 채 성당 모퉁이 마당에서 마냥 저를 기다리고 있었습니다. 오랜 시간이 지난 뒤에야 어느 신자가 발견하고 연락을 해주어서 그분을 만날 수가 있었습니다.

그날 저는 본당의 사목자로서 무척이나 부끄럽고 미안했습니다. 그래서 어떤 반대가 있더라도, 설령 본당의 외관이 손상되더라도 장애인 시설을 마련하겠다고 다짐했습니다. 그때부터 오랜 시간 전문가들과 연구를 거듭하고 신자들을 설득하여 공사에 착수하기 시작하던 무렵 그런 구설에 맞닥뜨리게 된 것입니다.

인터넷 게시판에는 저에 대한 비난, 옹호, 비아냥 등의 댓글이 끊임없이 이어졌고 저는 더욱 우울해졌습니다. 그러던 어느 날 어떤 분이 제게 편지 한 통을 안겨주고 황급히 사라지셨습니다. 본당에서 봉사도 열심히 하시는 분이었습니다. 역시 공사를 반대한다는 내용이었습니다. 거기에 업적주의에 빠져서 멀쩡한 본당을 자꾸 건드리지 말라는 점잖은 충고까지 덧붙어 있었습니다.

그날 밤 저의 억울함은 더 이상 참을 수 없는 분노로 바뀌었습니다. 건강한 사람이야 어딘들 갈 수 있겠지만 휠체어를 타야만 하는 장애인은 계단 하나만 있어도 움직일 수 없습니다. 장애인을 위한 시설은 정의였고 복음정신이었습니다. 따라서 이런 신자들은 사목자로서 당연히 정의의 이름으로 야단을 쳐서 버릇을 고쳐놓아야 한다고 다짐했습니다.

또한 실명마저 숨기고 인터넷에 근거도 없는 비방 글을 올리는 비겁한 신자를 색출해서 시시비비를 가리고 모든 사람 앞에 그의 부당함을 알리리라 마음먹었습니다. 생각에 생각이 꼬리를 물고 이어지면서 분노에 사로잡혀 밤을 지새우고 있었습니다.

우리 인간의 뇌에는 부정적인 생각에 빠지는 병적인 경향이 있습니다. 인간의 뇌는 평범한 일이나 행복한 생각보다 부정적인 것을 더 잘 기억하고 끊임없이 재생·증폭하기 때문입니다. 그래서 일단 상처를 받아서 부정적인 생각에 사로잡히면 거기서 헤어나오기가 쉽지 않습니다.

한때 코이케 류노스케 스님의 「생각 버리기 연습」이라는 책이 시중에 폭발적인 인기를 끈 것도 그만큼 사람들이 번잡하고 부정적인 생각으로 괴로움을 당하고 있기 때문일 것입니다. 그러니 그 책에서 말하는 것처럼 생각을 버릴 수 있다면 얼마나 좋겠습니까? 쓰레기통을 비우듯 내 안의 온갖 생각을 훌쩍 비워낼 수 있다면 슬퍼할 일도 분노할 일도 없을 겁니다. 하지만 그것은 가능하지도 않을뿐더러, 설령 가능하다 해도 또 다른 생각에 금방 사로잡히고 맙니다.

생각을 비워내기보다 우리 뇌가 붙잡고 있는 부정적인

생각을 순화하는 것이 더 중요합니다. 부정적인 생각을 만들어 낸 사건의 원인을 성찰하면서 이것을 선하게 해석하는 것입니다. 상대방의 처지에서 선한 해석을 계속 반복하다 보면 부정적인 생각이 밀려나고 선한 생각이 자리 잡게 됩니다.

그날 밤 저의 분노가 풀어지기 시작한 것은 바로 이렇게 선한 해석을 반복하면서부터입니다. 신자들이 날마다 마주하는 본당 사제를 향해 비난의 글을 쓸 때는 저보다 더 힘들게 고민했을 것입니다. 오랜 역사를 가진 아름다운 성당 건물이 손상되는 것도 걱정스럽고, 팍팍하게 살아가는 가난한 살림에 반갑지 않은 돈을 내야 하는 부담도 그들을 괴롭혔을 것입니다. 어쩌면 제가 지금 느끼는 것만큼 억울하고 답답했을지도 모릅니다. 본당 신부의 뜻을 따르는 대다수 신자들 앞에 얼굴을 드러내고 비판할 용기는 없고, 그렇다고 혼자만의 가슴앓이를 견딜 수도 없어서 화풀이라도 하듯 익명으로 인터넷 게시판에 글을 올렸을 것입니다. 표현이 거칠고 방법이 옳지 않았더라도 그 본심은 교회에 대한 사랑입니다.

그날 밤 내면의 전투에서 결국 이런 선한 생각이 승리를 거두면서 저를 괴롭히던 부정적인 생각은 사라지고 마침내 평화가 찾아왔습니다. 이튿날 오랜만에 늦게까지 깊은 잠을 잘 수 있었습니다.

마침내 본당의 모든 공사가 끝났습니다. 하느님을 사랑하는 이들에게는 모든 것이 함께 작용하여 선이 이루어진다고 했지요.로마 8,28 하느님께서 본당에 천사를 보내주셔서 장애인 시설은 물론, 본당의 필요한 공간도 모두 확장하고 조경 공사까지 멋지게 끝낼 수 있었습니다. 공사가 끝난 날 장애인 형제 한 분이 보란 듯이 전동 휠체어를 타고 성전 맨 앞자리에서 미사를 드렸습니다. 다 함께 박수를 치며 환영했습니다. 저에게 편지를 건넸던 형제는 성당 마당을 청소하고 나무에 물을 주며 누구보다 좋아했습니다. 바로 그 모습이 그분 안에 담긴 본래의 교회에 대한 사랑의 마음입니다.

미국의 성직자이자 작가인 토머스 머튼Thomas Merton, 1915-1968은 "결국 인간관계가 모든 것을 구원한다."라고 했지요. 아침에 눈을 뜨는 순간부터 우리는 인간관계에 얽혀 살아야 합니다. 그 관계 안에서 자신의 온갖 감정과 마주하게 됩니다. 중요한 것은 어떤 일이 있더라도 부정적인 생각이 우리를 지배하지 못하도록 선한 생각과 사랑의 마음을 놓치지 않는 것입니다. 그럴 때 모든 관계가 열리고 선한 일이 이루어집니다. 그러면 모든 것이 다 아름답게 보입니다.

"하느님의 나라는 너희 가운데에 있다."루카 17,21고 했습니다. 우리가 이루는 사랑의 관계 안에서 하느님 나라가 열린다는 뜻입니다. 그 출발점은 나 자신이 모든 것을 선하게 바라보고 생각하는 데서 시작됩니다.

외로움에 대하여

가끔씩 해 질 녘이면 자전거를 타고 한강으로 나갑니다. 요즘은 도심의 지류마다 한강으로 이어지는 자전거 길이 있어 쉽게 한강변에 도달할 수 있습니다. 그런데 굳이 해 질 녘에 자전거를 타고 한강으로 향하는 이유는 한낮의 더위를 피하기 위해서이기도 하지만, 해 지는 도시의 저녁 풍경을 바라보기 위해서입니다. 공기 맑은 시골과는 달리 도시에서 태양은 뿌연 스모그에 삼켜지듯 서녘 빌딩 숲 저편으로 빛을 잃으며 힘없이 사라집니다. 그래도 지는 해는 늘 아름답습니다.

누군가 서쪽을 두고 '성숙한 지혜의 방향'이라고 했지요. 아침 시간은 밤새 머릿속에 갇혀있던 온갖 생각이 밖으로 마구 쏟아져 나오지만, 서쪽으로 해가 뉘엿뉘엿 지는 저녁 시간이면 온종일 흩어졌던 생각과 감정이 마치 양 떼가 우리로 돌아오듯 내면으로 우르르 모여듭니다. 그래서 해가 뜨는 동쪽 하늘보다 해가 지는 서쪽 하늘을 바라보노라면 더 많은 상념에 잠겨드나 봅니다.

특히 해가 진 뒤 어둑하니 빈 하늘을 바라볼 때는 한기처럼 외로움이 스며듭니다. 어쩌면 이 외로움 속에 잠기고 싶어서 자전거를 타고 강변으로 향하는지도 모릅니다.

해 지기가 무섭게 도시는 불을 밝히기 시작합니다. 아마도 저 불빛 속에서 사람들은 어둠과 함께 스며드는 외로움에서 벗어나기 위해 필사적으로 무엇인가를 하고 있을 것입니다. 텔레비전 시청에 열중하기도 하고, 외로움을 달래줄 누군가를 찾아 전화를 하거나 문자를 주고받고 있을지도 모릅니다. 또 인터넷의 가상세계를 떠돌며 사회적 네트워킹에 열을 올리거나 이런저런 모임을 기웃거리고 있을 것입니다.

최초로 소형 오디오 재생기 '워크맨'을 발명하고 판매한

한 회사는 초기에 "당신은 결코 다시는 혼자 있지 않아도 될 것입니다!"라고 선전했다지요. 사람들을 외로움에서 구제하기 위해 인터넷, 모바일 등의 소통 매체가 발명되었다고 해도 과언이 아닙니다. 그리고 세상에는 외로움을 느끼는 사람들이 수없이 많음을 아는 상술에 능한 이들이 이런 전자기계와 매체를 보급했을 것입니다.

하지만 급속히 발달한 정보통신은 외로울 시간마저도 빼앗아 갔습니다. 이제는 손 안에 스마트폰 하나만 있으면 모든 것을 해결할 수 있고, 외로움에서 쉽게 탈출할 수도 있습니다. 접속만 하면 바라는 바가 무엇이든 그에 관한 정보를 얻을 수 있고, 가상의 공간을 통해 어디든 갈 수 있습니다. 또 언제든 보고 싶은 사람의 얼굴을 보고 목소리를 들을 수 있게 되었습니다. 현대인은 외로울 시간이 없습니다.

그런데 사람들은 더 불행하다고, 불안하다고 말합니다. 우울증을 앓거나 자살하는 사람들은 더 많아지고 있습니다. 외로움을 회피하면서 외로움이 주는 아름다움마저도 잃어버렸기 때문입니다. 저녁노을의 아름다운 붉은빛이 마음속에 마련해 주는 빈자리 하나, 밤하늘 별을 따라 빠져보는 아득히 먼 곳의 상념, 풀벌레의 맑은 소리가 선사하는 밤의 명

징한 고요, 소박한 풀꽃이 건네는 깊고 따뜻한 위로, 비 내리는 풍경이 가져다주는 감미로운 시간, 다양한 사람들이 전하는 삶의 생동감…. 전자 장치의 버튼 하나로 금방 외로움에서 벗어날 수 있게 되면서 결국 외로움 속에 담긴 이런 아름다움을 놓치게 된 것입니다. 이제는 그 자리에 허무와 우울만이 남게 되었습니다.

정호승 시인은 "외로우니까 사람이다. 살아간다는 것은 외로움을 견디는 일이다."라고 했지요. 이를 뒤집어 말하면 '외로움을 벗어버리면 사람이 아니고, 외로움이 없으면 죽은 것이다.'라고 할 수 있을 것입니다. 외로움을 회피한 인간은 생명이 없는 존재가 됩니다. 결국 현대인의 허무와 우울은 바로 외로움을 자신의 삶의 한 부분으로 받아들이는 것이 아니라 회피하는 데서 오는 것입니다. 외로움을 외로움으로 이겨나갈 때 허무와 우울로부터 벗어날 수 있습니다.

언제부턴가 저는 '외롭다'라는 말 대신 '그립다'라는 말을 씁니다. 우리 존재의 깊은 곳에 간절한 그리움이 숨어있어 우리를 외롭게 하기 때문입니다. 그래서 '외롭다'라고 하면 고립된 느낌이 들지만, '그립다'라고 하면 아름다움이 있는 그 어딘가를 향해 긴 시선이 열립니다. 내가 만난 아름다운 추억, 사람 들… 그리고 마침내 본래의 아름답고 순결한 자신을 향해 마음이 열립니다. 그 안에서 나를 사랑하시는 주님께 가닿습니다.

복
희
네
집

〈복희네 집〉이라는 분식집이 문을 열었습니다. 재개발이 되지 않아 1970년대 집들이 옹기종기 모여있는 동네 한 귀퉁이에 복희 씨가 두어 평 남짓한 작은 공간을 얻어 가게를 연 분식집입니다. 젊은 나이에 남편을 잃고 두 아들을 키우기 위해 노상에서 포장마차를 하며 이리저리 단속반에 쫓겨 다니던 복희 씨가 드디어 떳떳하게 간판을 걸고 영업을 하게 된 것입니다.

억척스럽게 살아가는 복희 씨를 위해 이웃 신자들이 함께 힘을 모아 축복의 자리를 마련해 주었습니다. 거기에 모인 모든 사람이 자기 가게를 축복하는 것처럼 기뻐했습니다. 생활이 넉넉한 사람도 있고 어렵게 사는 사람도 있었지만 모두 하나가 되어 성가를 힘차게 부르며 함께 기도하고 기뻐했습니다. 앉을 자리도 없을 만큼 비좁은 공간에서 처음으로 개시되어 나오는 '복희네 집' 떡볶이와 국수를 모두 함께 나누었습니다. 손님 접대를 위해 음식을 만들며 행복해하던 복희 씨의 얼굴을 지금도 잊을 수가 없습니다.

처음으로 본당 신부로 발령받고 사람들의 생생한 삶의 모습을 만나면서 사목자의 기쁨이 무엇인지를 알 수 있었습니다. 바오로 사도의 말씀처럼 '기뻐하는 이들과 함께 기뻐하고 우는 이들과 함께 울며'로마 12,15 사람과 사람이 서로 만나 따뜻한 정을 나누는 공동체가 우리 시대에 얼마나 절실하게 필요한지도 체험했습니다.

현대의 삶이 외롭고 불안한 것은 친구가 없어서도 아니고, 우리를 즐겁게 해줄 문화가 없어서도 아닙니다. 외로움은 인간 실존이 겪는 본질적인 문제이지만 마더 데레사 수녀님의 표현처럼, "자신을 내어주는 사랑과 봉사의 삶이 없

복희네 집 지역 공동체의
사랑으로 탄생했다. 본당마
다 마을마다 또 다른 '복희
네 집'이 곳곳에 생겨나기
를 바란다. (사진: 전원)

을 때 우리 인간은 더 외롭고 불안해지는 것"입니다.

온갖 놀이를 즐기고 지식과 정보를 습득하면서 외로움과 불안으로부터 탈출하려 필사적으로 노력하지만, 자신이 사는 삶의 자리에 뿌리내리지 못한다면 그 외로움은 결코 해결될 수 없습니다. 좋은 피정집을 찾아다니고 수많은 사람들이 모이는 유명 강사의 훌륭한 강의를 수없이 듣는다 해도, 잠시 동안 위로받을 수 있을지는 모르지만 목마름은 계속될 것입니다. 이웃과 함께 모여 말씀을 듣고 나누며 어렵고 가난한 이들을 돕고 서로 친구가 되어 공동체에 뿌리내리고 살지 않으면 외로움과 불안으로부터 벗어나지 못할 것입니다.

예수님이 우리에게 주시는 영원히 목마르지 않는 물은 우리 안에서 "물이 솟는 샘"이 되어 영원한 생명으로 이끌어 준다고 했습니다.요한 4,14 예수님과 관계 맺은 우리 삶 속에 인생의 모든 해답이 있음을 말씀해 주고 계시는 겁니다. 여기저기서 초대받아 강의를 할 때마다 저는 종종 입버릇처럼 "여러분이 사는 지역에 작은 공동체를 만들고 그 공동체를 일구는 봉사자가 되십시오."라고 말해주곤 합니다. 바로 우리의 목마름을 해결해 주는 샘터가 우리 이웃과의 관계 안에 있기 때문입니다.

얼마 전 신자들과 함께 다시 '복희네 집'에 들러 점심으로 떡볶이와 국수를 먹었습니다. 몸을 맞대며 앉고 서고 해야 함께 식사할 수 있는 이 작은 분식집이 정겹습니다. 지역의 신자 공동체 사람들이 복음을 나누며 그 사랑의 결과로 탄생한 '복희네 집'. 본당마다 마을마다 가난한 이들에게 희망을 주는 또 다른 '복희네 집'이 곳곳에 생겨나기를 바랍니다.

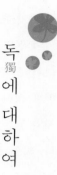

독_獨에 대하여

독신을 고집한 것도 아닌데 글라라 씨는 혼기를 놓치고 말
았습니다. 나이가 들수록 여자 혼자 산다는 것이 불안하고
그래서 결혼을 하고 싶은 마음은 늘 있었지만 결혼이란 마
음처럼 쉬운 일이 아니었습니다. 어느덧 세월이 흐르자 결
혼이란 자신과는 관계없는 남들의 이야기가 되었습니다.

프란치스코 씨 역시 젊은 시절 결혼하려고 몇 번을 노력
했지만 뜻대로 되지 않았던 것 같습니다. 그 또한 노총각 신

세를 면치 못하고 혼자서 생업을 해나가며 본당에서 주일미사에 오시는 어르신들을 승합차로 모셔오는 봉사활동을 하고 있었습니다.

글라라 씨는 저희 본당 구역으로 이사 오고 나서 매주 하는 소공동체 반 모임에 초대받았습니다. 같은 아파트에 이런 신앙공동체가 있어 글라라 씨는 낯선 동네에 금방 적응하고 이웃들과 친해질 수 있었습니다. 이웃과 함께하는 소공동체에서 복음 나눔을 하고 각자 삶을 이야기하면서 글라라 씨는 결혼하고 싶은 자신의 심정도 솔직히 나눌 수 있었습니다. 같이 반 모임을 하는 사람들은 이 이야기를 듣고 글라라 씨에게 프란치스코 씨를 소개했습니다.

이들은 서로가 왜 이제야 나타났느냐고 원망이라도 하듯 만난 지 두 달 만에 결혼했습니다. 하느님께서 이 둘을 이끌어 주셨다고밖에 달리 설명할 길이 없는 일이었습니다. 결혼 후 그들은 서로를 소중하게 받아들이며 우정과 사랑을 나누는 부부가 되었습니다. 글라라 씨는 신앙체험 발표를 할 때마다 자랑처럼 둘의 만남과 사랑, 결혼생활을 이야기합니다.

성실하게 사회생활을 하고 교회에 봉사하고 나누는 두 사람을 보면 홀로 있는 것보다 함께하는 것이 얼마나 좋은지 느끼게 됩니다. 서로에게 힘이 되고, 서로를 바라보며 작은 공동체를 이루고, 신앙과 우정 안에서 성장해 가는 모습이 아름답습니다. 사실 혼자 산다는 것은 서로에게 매이지 않는 자유로움과 편안함이 있어 홀가분하지만 이 때문에 독신을 고집하며 사는 것은 그리 좋은 것 같지는 않습니다.

이어령 교수는 홀로 독獨 자를 풀이하면서 이 글자는 옆에 다른 글자를 넣었을 때 별로 좋은 말이 되지 않는다고 했지요. 가령 '독' 자 옆에 재단할 '재裁' 자를 넣으면 '독재'가 되고, 끊을 '단斷' 자를 넣으면 '독단'이 됩니다. 설령 좋은 말을 붙여도 별로 좋지 않은 말로 바뀌게 됩니다. 예를 들면 착할 '선善' 자도 '독' 옆에 서면 '독선'이 되고 맙니다.

오래 혼자 산 사람은 때로 선이라고 행해도 독선이 되는 경우가 있고, 정의로운 일이라고 했는데도 독단으로 흐를 수가 있습니다. 어쩌면 자신만의 편리와 자유를 추구하여 사람들과 삶을 나누는 깊은 차원의 만남을 이루지 못해 삶의 가치관마저 고립된 틀 속에 갇히기 때문일지도 모릅니다. 독신자인 사제로서 살아가며 늘 성찰해야 할 부분이지요.

그러나 결혼했다고 모두가 '독'에서 해방되는 것은 아닙니다. 함께 기도하고 사랑하고 서로 나누지 않는다면 몸은 같이 있어도 독단이나 독선에 빠진 사람으로 남을 수 있습니다. '독'으로부터 진정 해방되는 것은 주님과 함께하고 그 가르침을 따를 때입니다.

주님께서 말씀하셨지요. "누구든지 하느님의 나라 때문에 집이나 아내, 형제나 부모나 자녀를 버린 사람은 현세에서 여러 곱절로 되받을 것이고 내세에서는 영원한 생명을 받을 것이다."루카 18,29-30 이 말씀을 보면 주님께서는 이 세상에 하느님 나라의 가치를 실현하기 위해 오히려 홀로 있기를 바라시는 듯합니다. 사실 주님의 제자들은 일터뿐만 아니라 가정마저 떠나 주님을 따랐습니다. 다시 말해 우리가 결혼해서 가정을 이루고 산다고 바로 '독'으로부터 해방되는 것이 아니라는 뜻입니다. 홀로 살든 함께 살든, 주님과 함께하고 그분과 인생길의 친구가 되고 그분의 가치를 실현하며 살 때에만 우리 인생은 '독'에서 완전히 벗어날 수 있습니다.

프란치스코 씨와 글라라 씨의 만남과 결혼생활이 참으로 아름답게 보이는 것은 오랜 독신을 접고 결혼생활을 시작했기 때문이 아닙니다. 자기 삶에 주어진 하느님의 축복을 발견하고 새로운 차원에서 주님을 더 깊이 따르고 그분이 이루고자 하신 하느님 나라의 가치를 살고자 함께 노력하고 있기 때문입니다. 그 옛날 프란치스코 성인과 글라라 성녀가 홀로 살아도 아름다운 성인이 될 수 있었던 것은 오롯이 하느님께 온몸과 마음을 봉헌함으로써 영적으로 결합된 사랑을 하였기 때문입니다.

우리의 인생이란 외로움으로부터 필사적으로 탈출하고자 하는 내적 전투의 과정입니다. 그것은 알고 보면 우리가 안고 사는 '독'으로부터의 해방을 향한 몸부림입니다. 그런데 그 답은 아주 가까이 있습니다.

운
명
에
대
하
여

오늘도 마리아 씨에게서 메일이 왔습니다. 마리아 씨는 한
편의 글을 쓰고 나면 어김없이 저에게 그 글을 보내줍니다.
밥솥에서 막 뜸이 든 밥을 금방 퍼서 밥그릇에 담아낸 것처
럼 김이 솔솔 나는 글입니다. 글쓰기는 마리아 씨의 유일한
취미인데, 언제부턴가 저는 마리아 씨의 글을 가장 먼저 읽
는 애독자가 되었습니다. 마리아 씨가 보내준 글을 읽으면
잔잔한 호수 위에 비친 그림자처럼 그분의 마음속에 흐르는

풍경이 비치는 듯합니다. 외로움이 담겨있지만 감미로움이 있고, 아픔이 담겨있지만 희열이 느껴집니다. 마리아 씨가 쓴 글에는 그가 살아온 삶의 시간이 고스란히 녹아있습니다.

마리아 씨가 가진 학벌과 외모를 보아 한때는 청운의 꿈을 안고 세상 보란 듯 젊은 시절을 보냈을 것 같습니다. 좋은 직장을 잡고 멋진 연애를 하고 마침내 남부럽지 않은 배우자를 만나 창창한 미래를 꿈꾸며 행복해했을 것입니다. 그런데 운명은 그가 마음먹은 대로 하도록 두지 않았습니다. 첫아이를 얻은 기쁨도 잠시 그 아이는 자폐증 진단을 받았습니다. 더구나 그 얼마 후 불의의 사고로 남편마저 잃게 되면서 이제는 세상 한가운데 오로지 자신과 평생 보살펴 주어야 하는 아들만 덩그러니 남게 되었습니다.

재판장이 나무망치를 세 번 두드리면 법정에 선 피고의 운명이 결정된다지요. 마리아 씨는 운명의 법정에서 평생을 아들에게 갇혀 살아야 하는 인생, 무기징역을 땅땅땅 선고받았습니다. 마음만 먹으면 무엇이든 이룰 수 있을 것 같던 청춘의 꿈은 사라지고 어느 날 뜻하지도 않게 운명이라는 법정에 끌려가 옴짝달싹할 수 없는 인생의 굴레를 쓰게 된 겁니다. 그리고 참 오랜 세월이 흘렀습니다.

사람에게는 누구나 멍에처럼 지고 살아야 할 운명이라는 굴레가 있습니다. 생로병사는 물론 자신의 의지와는 관계없이 주어진 시간과 환경이 그렇습니다. 내가 부모를 선택할 수 없는 것처럼, 태어날 장소도 환경도 시간도 나의 의지대로 된 것이 없습니다. 나는 왜 이런 가족을 만났는지, 왜 이런 모습으로 태어났는지, 왜 더 능력 있고 멋지고 아름답게 태어나지 못했는지, 왜 이런 사회와 시대를 살아야만 하는지…. 자신을 감싸고 있는 운명에 질문을 던지기 시작하면 끝이 없습니다. 삶이 척박하고 힘겨울수록 이런 질문은 깊어져서 때로는 슬픔에 빠지고 원망과 분노마저 느끼게 됩니다.

인간은 신이 아니라 피조물입니다. 피조물이기에 우리는 불완전과 결핍을 살아야 하고, 그래서 저마다 운명이라는 굴레를 쓴 채 생을 엮어가고 있는 것입니다. 그러나 피조물로서 필연적으로 안고 살아야 할 이런 운명을 기꺼이 수락하기란 쉽지 않습니다. 우리 신앙에서는 이것을 '제 십자가'라고 일컫습니다.

이 십자가는 자신이 지고 거기에 매달려 죽어야 하는 죽음의 형틀입니다. 예수님마저도 피땀을 흘리며 피하고 싶어 하셨던 것이 바로 이 십자가입니다. 그런데도 기꺼이 십자가를 질 수밖에 없었던 예수님의 운명은 성부 하느님의 뜻이었습니다. 예수님이 십자가를 지고 그 십자가에 못 박혀 죽어야 하는 운명을 받아들이심으로써 불완전한 피조성이 극복되고 완전성이 드러났습니다. 이것을 우리는 '부활'이라고 합니다. 우리 운명의 굴레 안에도 하느님의 뜻이 담겨있고 우리가 살아내야 할 소명이 담겨있는 겁니다. 그래서 예수님은 "자신을 버리고 제 십자가를 지고 나를 따라야 한다."마르 8,34라고 말씀하십니다.

마리아 씨가 이번에 보내온 글은 여고 시절 친하게 지내던 동창들의 이야기입니다. 그 이야기에서 외로움과 못내 아쉬운 어떤 그리움이 짙게 느껴졌습니다. 친구들이 각자 삶을 찾아 뿔뿔이 흩어져 대학교수로, 의사로, 사업가의 아내로 자신의 삶을 펼쳐나가는 동안 마리아 씨는 그 대열에서 떨어져서 매일매일 아이 하나에 오롯이 매달려 살아야 했기 때문이겠지요. 그러나 그 외로움과 그리움에는 잔잔한 평화가 있고 인생의 어떤 깊이가 담겨있었습니다.

어느 시인이 '모든 사람은 자기 운명의 건축가'라고 했다지요. 피하고 싶은 운명 안에 진정 건설해야 할 자신만의 '참된 인생'이 있다는 뜻일 겁니다. 이렇게 보면 이런 의문이 듭니다. 소위 세상에서 출세하고 부족함 없이 사는 사람이 진정 우리가 부러워할 후회 없는 인생을 살았다고 말할 수 있을까요? 장애인 아들 하나 부둥켜안고 평생을 살아온 마리아 씨는 운 나쁘게 슬픈 인생을 산 불행하기만 한 사람일까요? 그런데 진정 인생의 깊은 의미를 살아낸 사람은 누구일까요?

캄캄한 어둠 속에서 하느님의 빛을 보고 슬픔의 밑바닥에서 하느님의 위로를 받으며, 외로울 때면 아들이 친구가 되고, 기도할 때는 아들이 작은 예수가 된다는 마리아 씨. 그가 회피하지 않고 살아낸 운명의 굴레는 그와 아들이 건설한 작은 하느님 나라입니다. 그렇다면 우리가 답할 수 없었던 인생의 모든 질문에 대한 답도 우리가 안고 사는 운명의 굴레, 그 안에서 모두 찾을 수 있지 않겠습니까?

마리아 씨의 메일을 받고 저는 이런저런 생각에 잠기다가 짧은 답장을 보냈습니다.

"장애를 가진 아이를 둔 어머니들을 바라볼 때마다 성모님 같다는 생각을 하곤 합니다. 그분들은 세상을 다 잃은 것 같지만, 받아들인 십자가로 더 깊은 인생을 얻었지요. 마리아 씨도 그중 한 분입니다!"

저
사
람
은 얼
마
나
행
복
할
까

제가 신학생 시절부터 20년을 넘게 지켜보아 온 바르나바
는 저의 영적 동반자입니다. 태어나서 지금까지 자기 힘만
으로는 앉을 수도 움직일 수도 없이 평생을 누워서 지내야
하는 중증 장애인입니다. 한때는 시력마저 잃었지만 어머니
가 성경말씀 테이프를 구해서 수없이 들려주면서 기적같이
시력을 되찾았습니다.

　바르나바가 하는 말을 유일하게 알아들을 수 있는 사람은

어머니입니다. 입술 모양과 표정, 내는 소리를 듣고 어머니는 아들이 원하는 것이 무엇인지 알아챕니다. 그뿐만이 아니라 장애인 모임 때면 아들의 복음 묵상까지도 전달해 줄 수 있습니다. 그의 어머니 아가다 씨는 이 첫 아들을 낳은 후 지금까지 40여 년 동안 아들과 한 몸처럼 살아왔습니다.

그런데 바르나바가 어느 날부턴가 심해진 허리 통증 때문에 위험한 수술을 받아야 했습니다. 수술 후에는 몸 상태가 나빠져서 계속해서 중환자실에서 지내야 했습니다. 아들이 중환자실에 있게 되자 어머니는 잠깐의 면회시간 외에는 늘 한 몸처럼 지내던 아들과 떨어져 있어야 했습니다. 그것은 아들에게도 어머니에게도 지옥과 같은 시간이었습니다.

그러지 않아도 수많은 환자들에게 시달리면서 환자들의 고통에 무감각해진 간호사들이 표현도 못 하는 장애인의 고통에 관심을 둘 리 없습니다. 오로지 면회를 간 어머니만이 아들이 얼마나 극심한 고통을 겪고 있는지 알 뿐입니다. 바르나바가 중환자실에 있는 3개월 동안 어머니는 중환자실 문 앞을 잠시도 떠나지 않았습니다.

결국 아들은 호전되지 않았고, 어머니는 지옥 같은 고통 속에 차마 아들을 홀로 둘 수 없어 죽어도 좋으니 자식과 같이 있겠다고 서약서를 쓰고 바르나바를 중환자실에서 빼 왔습니다. 주치의는 더 이상 그의 생명을 장담할 수 없다며 바르나바의 죽음을 준비하라고 일러주었습니다.

일반 병실로 옮겨진 바르나바에게 마지막 병자성사를 주는 동안 저는 계속 눈물을 흘렸습니다. 오랫동안 정든 친구와 지상에서 마지막 이별을 할 때 느끼는 그런 종류의 슬픔 때문에 흘린 눈물이 아니었습니다. 도대체 무슨 운명이기에 장애인으로 태어나 제 힘으로 밥 한술도 떠먹어 보지 못하고 40여 년을 저렇게 누워만 있어야 하는지, 아프다고 소리 한번 마음대로 지르지도 못하고 자기 의지대로 발버둥도 칠 수 없는 몸뚱이로 평생을 살다가 고통 속에 죽음을 맞아야 하는지, 천사 같은 그의 어머니는 무슨 죄가 있어 아들과 함께 고통 속에서 한평생을 다 보내야 하는지, 인간 존재가 겪는 이 지독한 고통과 슬픔을 목격하고 흘린 눈물이었습니다.

저는 그날 병자성사를 주면서 바르나바를 살려달라는 대신 이렇게 기도했습니다.

"이제 그만 바르나바의 고통을 멈추게 해주시고 하느님 당신 품으로 데려가 주십시오. 그리고 그가 지상에서 받은 고통의 시간을 하늘나라에서 반드시 보상해 주십시오. 이제 그 어머니도 아들과 함께 걸어온 40여 년의 고통스런 감옥 생활에서 해방되게 해주십시오."

그런데 웬일인지 곧 하늘나라로 갈 것이라던 바르나바는 오히려 상태가 좋아져서 퇴원했습니다. 바르나바가 다시 살아난 이유는 장애인 모임에서 그 어머니 아가다 씨의 나눔을 들으면서 알게 되었습니다. 바르나바가 병자성사를 받던 그날 밤, 이제 그만 고통을 거두어 달라고 기도하던 저와는 반대로 아가다 씨는 병원의 성당 바닥에 아예 비닐을 깔고 엎드려 아들을 도저히 보낼 수 없다며 밤새 눈이 퉁퉁 붓도록 울며 하느님께 기도했답니다. 평생 짊어져 온 십자가이지만 모자母子의 정은 모질게도 질겨서 어머니는 가시보다 더 아픈 고통을 삼키면서도 아들을 떠나보낼 수가 없었던 것입니다. 하느님께서는 어머니의 이 간절한 기도를 차마 외면할 수 없어 바르나바를 거두어들일 수 없었던 것이지요. 다행스럽게도 그날 이후 바르나바는 장애인 모임에 다시 나올 수 있을 정도로 호전되었습니다.

가끔씩 자기 몸보다 훨씬 큰 아들을 안고 있는 아가다 씨의 모습을 볼 때면 성 베드로 대성당에 모셔진 미켈란젤로의 피에타 상이 떠오릅니다. 모두가 잘 알고 있듯 피에타 상이란 십자가에서 내려진 예수님의 시신을 안고 있는 성모님의 모습입니다. 예수님은 30대 건장한 청년이고 성모님은 분명 아들보다 훨씬 몸집이 작고 가냘픈 여인이었을 텐데, 피에타 상의 성모님은 아들을 다 품어 안을 수 있을 만큼 그 품이 넉넉하게 표현되어 있습니다. 예수님은 십자가에서 "다 이루었다!" 하고 숨을 거두신 후 당신이 어릴 적 안기셨던 어머니의 너른 품에 다시 안겨있습니다. 성부께서 맡기신 모든 일을 끝내고 마침내 어머니 품에 안긴 예수님 모습이 고단한 일을 끝내고 곤한 잠에 빠진 것처럼 평화롭게 느껴집니다.

성모님도 아들 못지않게 고통으로 점철된 삶을 사셨지요. 성모님에게도 어쩌면 저 순간이 가장 행복하고 평화로운 시간이었을지도 모릅니다. 제 눈에 피에타 상의 성모님은 애통하다기보다 폭풍우 같은 그 지독한 고통을 끝내고 마침내 아들과 하나 되어 평화를 누리는 것 같아 보입니다. 왜 이렇게 모진 인생을 살아야 하는지, 왜 아들 예수는 십자가에 못 박혀 죽어야 했는지, 비록 그 이유는 모를지라도 성모님은 오로지 자신에게 주어진 운명을 하느님의 뜻이라 여기며 자신의 인생을 온전히 하느님께 맡기고 사셨습니다. 그 성모

피에타 십자가에서 내려진 예수님의 시신을 안고 있는 성모님을 조각한 미켈란젤로의 작품이다. 성 베드로 대성당에 모셔져 있다.
(사진: Stanislav Traykov)

님도 아들과 함께 "이제 다 이루었다!" 하시며 마침내 참평화를 누리시는 것으로 보입니다.

자신의 의지와 상관없이 바르나바는 장애인으로 이 세상에 태어났고, 아가다 씨는 장애인을 낳은 어머니가 되어 평생 해야 할 숙제를 하듯 살고 있습니다. 왜 그들이 이런 운명에 처했는지, 왜 남들처럼 평범하게 살 수 없는지 저는 시원한 답을 줄 수 없습니다. 다만 말씀드릴 수 있는 것은 우리가 사는 이 땅은 완전한 신神의 세상이 아니라 결핍과 불완전을 살아야 하는 피조물의 세상이라는 것입니다. 그래서 누군가가 건강한 사람을 대신해서 장애를 앓고, 부유한 사람을 대신해서 빈곤을 살고 있습니다.

인간 존재가 겪는 빈곤과 고통의 자리에 있는 바르나바와 아가다 씨는 피에타 상의 예수님과 성모님처럼 세상의 누군가를 대신해서 속죄하고 희생하고 있다는 생각이 듭니다. 그래서 그들은 자신의 삶을 신앙으로 받아들이며 고통 속에서도 꿋꿋하게 이 땅에 산다는 이유만으로도 하느님 구원사업에 누구보다 깊이 동참하고 있다 할 수 있습니다.

언젠가 아가다 씨가 어느 장례식장에 연도를 하러 갔다가 영정사진을 바라보면서 푸념하듯 이렇게 말했다지요. "모든 고통을 끝내고 하늘나라에 가있는 영정 속의 저 사람은 얼마나 행복할까!" 이 말에 그분의 고단한 삶이 가슴 찡하게 전해집니다. 언젠가는 장애 아들을 둔 어머니로서 그 소명을 다 마치는 날 누구보다도 더 깊은 참평화를 맛보겠지요. 그리고 그때에는 자신이 살아내야 했던 인생의 의미도 성모님의 생애처럼 환하게 알게 될 것입니다.

"우리가 지금은 거울에 비친 모습처럼 어렴풋이 보지만 그때에는 얼굴과 얼굴을 마주 볼 것입니다." 1코린 13,12

욕
망
에

대
하
여

어느 날 한 부부가 찾아와 아내가 쓴 것이라며 책 한 권을 내
밀었습니다. 남편을 도우며 성실하게 삶을 꾸려오던 착한
아내가 호기심으로 인터넷 채팅을 하다가 현실의 불륜으로
빠져들었던 방황의 시간들을 글로 옮겨놓은 것이었습니다.
보는 사람에 따라서는 멜로 드라마에서 자주 보는 통속적인
내용이라 할 수도 있겠지만, 인간의 윤리성과 이성적 판단
을 흐리게 하는 컴퓨터의 마성魔性을 폭로하고 그 상처를 신

앙으로 치유해 가는 눈물겨운 과정을 담은 그 부부의 사연은 저에게는 아픈 고백록처럼 느껴졌습니다.

어쩌면 이들 부부처럼 누구나 살아가면서 한 번쯤은 방황의 때를 만날 수 있습니다. 맑은 날 보면 한없이 잔잔해 보이는 푸른 바다도 먹구름이 끼고 비바람이 불면 회색빛으로 출렁이는 거친 바다가 됩니다. 우리도 마찬가지입니다. 크고 작은 유혹들이 어느 날 우리 안에 잠재된 욕망을 흔들어 대면 폭풍우를 만난 듯 휘청거리며 난파된 배처럼 어찌할 수 없는 지경에 이를 수 있습니다.

복음의 '되찾은 아들의 비유'루카 15,11-32가 바로 이런 경우지요. 이 비유 말씀은 아버지를 떠나 자기 힘으로 성공을 이룰 것 같았던 작은아들이 결국 세상의 유혹에 굴복하고 온갖 욕망으로 방탕한 생활에 빠져 살다가 폐인이 된 몸으로 아버지에게 다시 돌아와 용서를 비는 이야기입니다.

역설 같지만 우리 삶에서 폭풍우 같은 욕망의 회오리는 악의 정체를 드러내고 정화하는 기능을 가지고 있습니다. 거친 파도와 폭풍우가 대자연의 자정운동이듯, 이러한 삶의 회오리라는 욕망은 인생을 더욱 새롭게 하는 하나의 과정으로 받아들일 수 있습니다.

작은아들은 방탕한 생활로 자신과 가족에게 고통을 안겨 주었지만 결과적으로는 자신의 무분별한 욕망의 정체를 알게 되었습니다. 그러나 무엇보다 더 소중한 것은 작은아들이 아버지의 크신 사랑을 깊이 깨달은 것입니다. 아들이 떠난 후 그 길목에서 한시도 눈을 떼지 못하던 아버지는 두려움과 수치심으로 눈치를 살피며 돌아오는 아들을 멀리 아스라이 보이는 그림자만 보고도 알아봅니다. 그리고 달려나가 따뜻하게 맞아줍니다. 이렇듯 작은아들은 폭풍우 같은 방탕한 시간을 통하여 아버지의 눈물겨운 사랑을 깨닫고 회심하여 새로운 삶에 눈뜨게 됩니다.

결국 우리 인생에서 방황과 어둠의 순간이 있고 없고는 그리 중요하지 않습니다. 큰 굴곡 없이 평범하고 성실하게 살아온 삶은 그 자체로 하느님께서 삶을 지켜주고 이끌어 준 소중한 은혜입니다. 하지만 어둠의 시간을 겪고 하느님의 사랑을 더 깊이 만날 수 있다면, 그것은 더할 나위 없는 은총입니다. '되찾은 아들의 비유'에서 충실하게 살아온 큰아들보다 참회의 눈물을 흘리며 아버지의 품에 안긴 작은아들이 더 아름답게 보이는 것은 폭풍우가 지나간 후의 청명한 하늘처럼 넘치는 아버지의 사랑이 그를 깨끗하게 씻어주었기 때문입니다.

깊은 고통의 터널을 빠져나와 눈시울을 붉히며 저에게 책을 내밀던 부부에게, 그리고 혼돈과 깊은 상처를 안고 살아가는 이 시대의 모든 사람에게 이런 하느님의 사랑을 전하고 싶습니다.

나
이
듦
에
대
하
여

늦은 밤 시 한 편이 메일로 배달되었습니다. '나무'라는 아이디를 가지신 분이 가끔씩 메일로 좋은 시나 글을 보내옵니다. 나무 님은 일흔을 훌쩍 넘긴 분이지만 도무지 할머니라고 부를 수 없는 소녀 같은 감수성을 가지고 계십니다. 일찍이 혼자된 후 자식들을 다 잘 키워 출가시키고는 조그만 아파트에 홀로 살고 계십니다. 책 읽기를 좋아해서 책으로 둘러싸인 도서관에 가면 내 집인 듯 행복해하고 늘그막에 인터넷을 배워서 지인들에게 메일을 보내면서 소녀 시절로 돌아간 듯 살고 계십니다. 이번에 보내주신 글은 김용택 시인의 〈달이 떴다고 전화를 주시다니요〉[1] 라는 시였습니다.

달이 떴다고 전화를 주시다니요
이 밤 너무 신나고 근사해요
내 마음에도 생전 처음 보는
환한 달이 떠오르고
산 아래 작은 마을이 그려집니다
간절한 이 그리움들을,
사무쳐 오는 이 연정들을
달빛에 실어
당신께 보냅니다

세상에,
강변에 달빛이 곱다고
전화를 다 주시다니요
흐르는 물 어디쯤 눈부시게 부서지는 소리
문득 들려옵니다.

1. 김용택, 「그대, 거침없는 사랑」, 푸른숲, 2003.

언젠가 읽었던 시지만 나무 님이 보내주신 그 시는 제게 사춘기의 감성을 되돌려 주었습니다. 늦은 밤 연애편지를 받은 듯 반복해서 읽으니 산등성이 위로 둥실 떠오른 달빛 밤하늘의 풍경이 마음속에 그려집니다. 외로움인지 그리움인지 알 수 없는 감정이 가슴 한 켠을 스치면서 생수가 부어진 듯 메말라 있는 제 마음이 푸르게 살아납니다. 일흔이 넘은 나이에도 이렇게 감성적인 글을 골라 지인들에게 전달하는 마음이 아름답습니다. 이런 마음이 전달되는 곳마다 푸른 젊음이 다시 깨어날 것 같았습니다.

나이가 들면 초연하게 살아가는 것 같지만 사실 주어지는 일상에 무심하게 끌려다니는 경우가 많습니다. 예수님도 '젊었을 때는 스스로가 원하는 곳으로 다니지만 나이가 들수록 다른 이들이 자신은 원하지도 않는 곳으로 끌고 다닌다.'요한 21,18고 말씀하셨지요. 나이가 들어 삶에 대한 새로운 기대도 설렘도 없이 그저 습관에 이끌려 살게 되는 것은 슬픈 일입니다. 하지만 사실 '나이 듦'이란 나무토막처럼 모든 것에 무심해지는 것이 아니라 소중한 기억과 감성을 살려내고 그것을 자신의 삶으로 통합해 가는 과정입니다.

정신의학자 카를 융Carl Jung, 1875-1961은 인생을 '태양이 뜨고 지는 과정'과 같다고 했습니다. 오전은 태양이 이글거리는 정오를 향해가는 시간이라면 오후는 태양이 힘을 잃고 서녘으로 떨어지는 시간입니다. 그렇다고 오후가 오전에 딸린 부속물에 불과한 것은 아닙니다. 오후는 오후대로 중요한 가치와 의미를 가집니다. 우리 인생의 오전이 인간으로 성장하면서 외부 세계에 나아가 자리 잡고 활동하는 시기라면, 인생의 오후는 자신의 내면으로 돌아와 소중한 기억과 내적 보화를 발견하는 시기입니다. 이 '정오에서 해 질 녘까지'의 시간이 인생을 숙성시키고 자신에게 주어진 인생을 진정 '자신의 것'이 되게 합니다.

서양에서는 50대를 두고 '문턱을 넘어서는'passing threshold 시기라고 합니다. 바깥으로 향하던 여정을 멈추고 내면으로 향하는 문턱을 넘어서서 자신에게로 돌아오는 시기라는 뜻입니다. 40대는 '청년기의 노년', 50대는 '노년기의 청년'이라고 하는 말도 같은 맥락이지요.

그렇다고 노년기가 자기 안에만 몰입하여 웅크리고 있는 시기라는 것은 아닙니다. 한낮에 바다에서 그물질을 하고 돌아오면 그물에 걸린 온갖 종류의 고기를 모아놓고 좋은 것은 그릇에 담고 나쁜 것은 밖으로 던져버리듯 마태 13,47-48,

노년기는 내 인생의 그물에 걸려 들어온 숱한 경험과 기억을 정리하는 시기이기도 합니다. 자신이 살아온 시간 속에서 버릴 것과 간직할 것, 잊을 것과 기억할 것을 정돈하여 내면에 아름다운 하느님 나라를 건설하는 시기입니다. 그래서 인생에서 가장 맑고 순결했던 시절을 향해 자신을 회복해 가는 과정이라 할 수 있습니다. 사춘기의 마음으로 돌아가 일상을 경이로움과 설렘으로 받아들이고, 맑고 단순한 삶으로 되돌아가는 시기입니다.

나이를 헤아려 보다가 나 자신이 50대를 살고 있다는 사실에 흠칫 놀랍니다. 물결처럼 세월이 나를 스쳐 지나간 것인지, 아니면 내가 세월이라는 갈아탈 수 없는 막차를 타고 어디론가 끊임없이 가고 있는 것인지 알 수는 없지만 저는 벌써 정오를 지나 해 질 녘을 향해가고 있습니다.

50대의 한복판에서 나무 님의 메일을 받은 다음 날, 저는 본당 소식지에 짧은 글 한 편을 실었습니다. 나무 님이 보내 준 시를 소개하며 답장을 대신하여 이렇게 썼습니다.

"나이가 들어갈수록 사춘기의 감수성을 살려나가는 것이 중요합니다. 좋은 글 한 줄 읽고도 행복해하고, 남이 알아주지 않더라도 가슴속 쌓인 이야기를 글로 풀어내 보고, 달빛 밤하늘을 바라보듯 그리움을 가슴에 담고, 마음 깊은 곳에서 '하느님!' 하고 부르며 기도하며 사는 일. 진정 인생을 풍요롭게 하는 것은 자신이 가지고 있는 재물도, 젊음도 아닙니다. 바로 가슴속 맑고 따뜻하게 피어오르는 살아있는 이런 감성이 우리 인생을 풍요롭고 아름답게 만들어 줍니다!"

만남과 헤어짐에 대하여

저에게는 버리지 못하고 있는 낡은 수첩 하나가 있습니다. 그 작은 노트는 군대 시절 매주 미사에 참례하면서 당시 군 종신부의 강론을 적어둔 군인수첩입니다. 30년이 지난 낡은 수첩을 마치 보물섬 지도나 되는 것처럼 가지고 다니는 데는 이유가 있습니다.

최전방 전선에서 군대 생활을 하던 시절, 격주로 있는 주일미사에서 군종신부님과의 만남은 저의 인생을 바꾸어 놓았습니다. 당시 군종신부님은 부대를 방문하여 남다르게 정성을 다해 미사를 봉헌하면서 미사에 참석한 군인들에게 이런저런 강론을 해주었습니다. 그분의 미사와 강론 한 마디한 마디는 메마를 대로 메마른 제 마음에 내리는 단비와도같았습니다. 지금 읽어보면 어디에서나 읽을 수 있고 들을수 있는 평범한 내용에 불과해 보이지만 당시에는 저의 마음을 흔들어 놓는 말이었습니다.

미사가 시작되면 저는 기다렸다는 듯이 수첩을 꺼내 깨알처럼 강론을 받아 적었습니다. 그 수첩을 틈이 날 때마다 읽고 또 읽었습니다. 젊은 시절 방황하던 저의 마음을 추스르고 잊고 있던 신앙을 되찾은 것도, 하느님께 사제가 되고자약속하던 어린 시절의 성소聖召를 다시 기억해 낸 것도, 이렇게 한 사제와의 짧은 만남에서 비롯되었습니다.

이렇듯 내 인생을 바꾸어 놓은 흔적과 같은 것이기 때문에 이 낡은 수첩을 아직도 버리지 못하고 있는 것입니다.

엔도 슈사쿠가 쓴 소설 「사해 부근에서」에 이런 대목이 있습니다.

"로마보다도 오래 영원히 계속되는 게 무엇인가?"

예수님을 신문하던 빌라도가 던진 질문입니다. 예수님께

서는 이렇게 대답합니다.

"그 사람들의 인생에 내가 닿은 흔적, 내가 한 사람 한 사람의 인생을 스치면서 남긴 흔적, 그것은 소멸되지 않는 것입니다."

이 이야기처럼 예수님을 만난 한 사람 한 사람의 인생에 그분이 남긴 흔적은 소멸되지 않는 축복이 되고 세상을 구원하는 복음이 되었습니다. 마찬가지로 우리가 살면서 누군가의 인생에 닿은 흔적, 그것은 결코 소멸되지 않습니다. 위대한 예술가의 작품은 시간과 함께 언젠가는 소멸되지만 인생에 누군가가 남긴 흔적은 그 사람의 생명과 함께 하느님 안에 영원히 남습니다. 말 한마디, 작은 행동 하나하나, 그 모든 흔적이 끊임없이 누군가의 삶 속에서 살아나 때로는 그 사람의 인생의 절망이 되기도 하고 축복이 되기도 한다는 것을 기억해야 합니다.

이렇게 보면 만남과 헤어짐 속에서 어떤 흔적을 남겼느냐가 그 사람의 모든 것을 이야기해 주는 것 같습니다. 불교에는 옷깃만 스쳐도 인연이라는 가르침이 있습니다. 그저 스쳐 지나가는 사람이라도 소홀히 할 수 없는 이유입니다. 사제 생활을 하면서 접하게 되는 물결처럼 흘러가는 수많은 사람들, 돌아보면 때로는 두려운 이유입니다.

　만날 때보다 떠날 때 더 많은 것이 보이는 것 같습니다. 자신의 못남도, 그동안의 잘못도 자꾸만 떠오릅니다. 살아온 시간, 무엇이 거짓이고 무엇이 진실이었는지도 보입니다. 떠날 때에야 비로소 얼마나 사람들로부터 사랑받았는지 그들의 배려, 우정, 용서… 그 아름다운 마음이 더 짙게 전해집니다. 첫사랑을 나눈 연인과 이별을 하는 것처럼 복받치는 슬픔이 밀려오는 것도 떠날 때 모든 진실이 드러나기 때문일 것입니다. 만남과 헤어짐, 이것은 참으로 가슴 아프고 슬픈 일이지만 우리 삶을 아름답게 하는, 인생에 필연적으로 있어야 할 삶의 소중한 사건입니다.

　부디 저를 만났던 사람들 안에 새겨진 흔적들이 그들의 인생에 축복이 되기를 바랍니다.

예수님이
죽도록
전하고
싶으셨던
세상

예수님이 죽도록 전하고 싶으셨던 세상

"네가 만일 왕을 웃긴다면 살고, 웃기지 못한다면 죽어야
한다."

이 우스꽝스런 대사는 개봉된 지 한 달 반 만에 천만 관객
을 불러 모았던 한국 영화 〈왕의 남자〉에 나오는 대사입니
다. 남사당패 광대들이 한양 땅에서 연산과 그의 애첩을 풍
자하는 놀이판을 벌이다가 왕을 희롱한 죄로 의금부에 끌려
가 이런 절체절명의 선고를 받습니다. 이 한마디의 대사로

관객은 긴장 속으로 빠져듭니다. 광대 장생과 공길이 공연을 하면서 뱉어낸 걸쭉한 음담패설, 이를 들은 연산의 입에서 터져 나온 해괴한 웃음소리…. 왕 앞에서 삶이냐 죽음이냐의 기로에 섰던 두 광대는 왕의 웃음소리와 함께 죽음을 면하고 온갖 음모와 암투가 벌어지고 있는 연산 치하의 궁중으로 밀려 들어갑니다.

얼어붙을 듯한 냉기로 숨막히게 하는 권력 구조와 폭군 연산의 정신병적 증상이 빚어내는 이상한 분위기의 궁궐에서 궁중 광대가 된 장생과 공길이 놀이판을 벌일 때마다 연산의 잠재돼 있던 과거 상처와 권력 주변의 더러운 치부가 하나씩 들추어집니다. 잔잔한 호수가 밑바닥에 쌓인 더러운 오물이 휘저어져 혼탁해지듯 궁궐은 모든 경계가 무너진 혼탁한 놀이판으로 변해가다가 마침내는 연산이 휘두르는 피비린내 나는 살육의 칼부림으로 막을 내립니다.

보는 이에 따라 이 영화는 동성애적 긴장이 숨겨진 '게이로맨스'라 평해지기도 하고, 정치적 음모와 권력의 허구를 드러내는 심리묘사로 현실정치를 빗댄 영화로 이해되기도 합니다. 그러나 영화 끝까지 저의 시선을 사로잡은 것은 장생과 공길이 보여주는 광대들의 삶과 몸짓이었습니다.

광대는 조선 시대 '8천八賤' 중 하나로, 백정과 마찬가지로 가장 밑바닥 신분이었습니다. 그래서 세상에서 더 이상 잃을 것도, 얻을 것도 없는 떠돌이 자유인이었습니다. 그들은 휘이휘이 줄을 타며 걸쭉한 입담으로 현실의 모순을 날카롭게 풍자하거나, 위선과 가식으로 포장된 우리 내면의 억압된 욕망을 끄집어내어 놀이판의 신명으로 해갈해 주는 역할을 했습니다. 그러기에 광대의 놀이는 그 시대를 반영하는 거울이었습니다. 그 놀이 안에는 세상의 해방과 자유를 갈망하는 민중의 마음이 짙게 녹아있습니다.

영화에서 보듯 그들의 놀이판이 벌어지는 곳에는 현실의 모순을 헤집어 놓는 돌개바람이 일어나곤 합니다. 광대들의 자유와 해방의 몸짓은 연산이 느꼈을 인생의 처절한 허무와 고독, 내면에 깊숙이 잠재돼 있던 죽은 어머니에 대한 상처를 일깨웁니다. 그리고 치유되지 않은 상처 속에 뒹구는 인생이 얼마나 불행한 것인지를 최고 권력을 누리는 왕을 통해 적나라하게 보여줍니다. 뿐만 아니라, 광대들의 놀이판은 왕을 둘러싼 온갖 음모와 관료들의 비리가 폭로되는 장이 되고, 새로운 질서를 알리는 중종반정을 일으키는 회오리바람의 진원지가 됩니다.

영화의 마지막 장면에서 장생이 공길에게 묻습니다.

"너는 다시 태어나면 무엇이 되고 싶으냐?"

공길이 대답합니다.

"당연히 광대지!"

장생과 공길이 또다시 광대의 삶을 선택하는 이유는 무엇일까요? 장생과 공길의 끊을 수 없는 동성애적 사랑 때문이라고 답하는 사람도 있을 겁니다. 어쩌면 둘은 광대의 존재 이유도, 자신들이 왜 고통스런 광대의 삶을 살아야 하는지도 알지 못할지 모릅니다. 그러나 그들이 광대로서 맛보았던 자유와 해방의 삶은 어떤 박해와 멸시, 심지어 죽음조차도 넘어설 수 있는 삶의 강렬한 체험을 선사했을 것입니다.

외줄 위에서 펼치는 그들의 춤사위는 더 이상 눈물도 억압도 없는 참된 자유와 평등의 나라, 곧 우리가 이야기하는 하느님 나라를 향한 백성들의 갈망을 투사하고 있습니다. 그들 자신은 이것을 알든 모르든 관계없이 사회적 통념과 계급적 질서의 경계를 넘나드는 그 놀이판은 평범한 우리 눈에는 그저 광대놀음에 불과할지 모르지만 사회의 새로운 질서를 엮어내고 민중의 의식을 한층 성장시키는, 하느님 나라를 향한 시대의 작은 몸부림입니다.

광대의 이런 해방의 몸짓은 2천 년 전으로 거슬러 올라가 예수님에게서 찾을 수 있습니다. 예수님은 당신이 본 하느님 나라, 늑대와 어린양이 함께 풀을 뜯고 뒹구는이사 65,25 그 평화의 나라를 죽도록 전하고 싶어하셨습니다. 머리 둘 곳조차 없는마태 8,20 떠돌이 삶을 살면서 그분이 뽑은 남사당패(?)를 이끌고 하느님 나라를 향한 해방의 놀이판을 벌이곤 하셨습니다.

그분은 가는 곳마다 제도와 관습에 얽매여 있던 사회에 작은 회오리바람을 일으켰습니다. 때론 지도층의 위선과 가식을 폭로하는가 하면, 가난한 이들에게 복음을 전하고, 묶인 이들을 해방하며, 억눌린 사람들에게 자유루카 4,18의 바람을 일으켰습니다. 사람들의 눈에 예수님은 미친 사람이었고 위험한 인물이었습니다.

예수님의 위험한 외줄타기 인생은 공생활 내내 계속되었습니다. 결국 사람들은 그의 머리에 가시관을 씌우고 왕과 같은 자주색 용포를 입혀, 시대의 스승이 아니라 멸시받고 조롱받는 광대의 모습으로 끌고 다녔습니다. 십자가 위에 걸린 '유다인의 왕 나자렛 예수'라는 명패가 말해주듯 그분은 분명 신분과 제도와 관습을 넘나드는 참된 자유의 광대,

모든 것을 초탈한 하느님 나라의 왕이었습니다.

영화 속 민중의 한을 대변하며 펼치는 광대들의 춤판은 결국 예수님이 십자가 위에서 죽기까지 전하고 싶어 하셨던 하느님 나라를 이야기하고 있습니다. 그러기에 이 시대의 참된 광대는 하느님 나라의 도래를 믿고 간절히 소망하는 자들입니다. 세상이 온통 부와 권세를 좇아 미쳐갈 때 세상을 거슬러 이 땅에 하느님 나라를 건설하기 위해 미쳐있는 사람이 광대입니다. 더 좋은 세상, 더 좋은 교회를 위해 삶의 자리에서 돌개바람을 일으키는 광대들…. 광대들의 이야기를 보러 영화관으로 몰려들었던 수많은 사람처럼 예수님을 닮은 그런 미친 사람을 간절히 보고 싶은 세상을 우리는 살고 있습니다.

시
대
정
신
을
담
아
낸

우
리
들
의
광
대

아침 식사를 하면서 텔레비전을 켰습니다. 노무현1946-2009 전 대통령의 고향 봉하마을에 수많은 취재진이 모여 북새통을 이루고 있었습니다. 노무현 전 대통령이 검찰에 소환 조사를 받는 날이라고 했습니다. 전직 대통령이 검찰에 조사를 받는다 하여 방송사마다 헬기까지 동원하여 생방송을 하고 있었습니다.

한 시대가 끝나면 늘 그렇듯 당연히 올 것이 온 것뿐입니다. 더구나 호남의 지지를 받은 영남의 외톨이, 고졸 출신의 아웃사이더 대통령, 보호해 줄 어떤 정치적·사회적 배경도 없는 그가 정치적 권력이 다해 법의 심판대에 서는 것은 당연했습니다.

그가 만일 아무리 털어도 책잡힐 것 없는 도덕적 청렴성을 가진 첫 대통령으로 남았다면, 우리 정치계는 참 불편했을지도 모릅니다. 그가 추구했던 탈지역적 정치질서, 남북간 화해와 공존, 부의 균배 등과 같은 정책들마저 그 도덕성과 함께 힘을 받아 다음 정부를 더욱더 괴롭혔을지 모릅니다.

우리 사회의 주류로 자처하는 이들, 학연과 지연으로 얽힌 귀족주의에 찌든 이들에게 노무현은 한낱 배운 것 없고 천박한 사람으로 남아야 합니다. 그가 대통령이 된 것도 우리 국민의 부끄러운 실수였고, 그가 5년 동안 실현하고자 했던 정책도 청소해야 할 천덕꾸러기일 뿐입니다.

그래서 정권을 잡은 세력은 가능하면 빨리 그에게 도덕적 파산선고를 내려야만 했습니다. 참여정부가 추구했던 정치적 비전은 한낮 사막에 나타난 신기루에 불과한 것이었음을 신속히 만천하에 알려야 했습니다. 다시 사막에서 땀 흘리던 1970년대의 개발독재 시대로 돌아가 중장비를 동원하여

노무현 전 대통령 시대정신
을 담아낸 '광대' 노무현 전
대통령은 우리 정치사에서
많은 것을 바꿔놓았다.
(사진 제공: 노무현재단)

4대강을 파헤치고, 인공 물길을 만들고, 반공 이데올로기로 무장하여 정권의 안보를 공고히 해야 합니다. 노동자의 권익과 삶의 질을 개선하기보다는 이들을 값싼 노동력으로 전환하여 기업하기 더 좋은 환경을 만들어 주어야 합니다. 분배보다는 성장에, 복지보다는 가진 자에게 힘을 더 주어 부유한 소수의 사람들이 어서 돈을 더 벌어 시혜를 베풀듯 백성들을 먹여 살려야 합니다. 백골부대를 양성하고 최루탄을 생산하여 사회를 안정시켜야 합니다. 그들이 말하는 잃어버린 10년을 되찾을 때가 온 것입니다.

점심을 먹으며 또다시 텔레비전을 켜니 이번엔 노무현 전 대통령이 막 검찰청사에 도착하여 포토라인에서 숱한 카메라 세례를 받고 있었습니다. 집권세력이나 보수언론이 내심 노무현 전 대통령을 세우고 싶은 자리는 어쩌면 법정이 아니라 여기 포토라인이었을 것 같습니다.

그들이 노무현 전 대통령에게 지우고 싶었던 것은 법의 심판에 따른 형벌이 아니라 팽형烹刑이었을 것입니다. 팽형이란 가마솥에 물을 끓여 사람을 죽게 하는 잔인한 사형제도인데, 실제로는 많은 사람이 모인 시장 한복판에 큰 가마솥을 걸어놓고 죄인을 그 안에 들어가게 한 다음 불을 지피는 시늉을 하는 형벌이었습니다. 즉 죄인에게 수치심을 안기고 그의 인격과 명예를 완전히 실추시켜 살아있는 송장처럼 살도록 하는 제도였습니다.

소위 권력을 잡은 기득권 세력이 진정 원했던 것은 노무현 전 대통령의 명예에 죽음을 선고하고 여론을 환기하는 것이었는지 모릅니다. 실제로 노무현 전 대통령이 포토라인에 서서 카메라 세례를 받고 검찰에서 조사받은 후부터 사사건건 그를 물고 늘어지던 보수언론조차도 마치 인심이라도 쓰듯 하나둘 이유를 들어 그에 대한 용서를 주문하고 있었습니다.

문득 떠오르는 성경 속의 한 장면이 있습니다. 간음하다 잡혀온 여인의 이야기입니다. 많은 사람들이 모인 성전 앞에 율법학자들과 바리사이파 사람들이 씩씩거리며 한 여인을 끌고 왔습니다. 그들은 모세의 율법에 이런 여자는 돌을 던져 죽이라고 하는데 예수님의 생각은 어떤지 묻습니다. 자신들의 손에 피를 묻히며 그 여자를 죽이려고 그런 것이 아니었습니다. 그랬다면 예수님께 여인을 끌고 올 이유가 없었습니다. 성전에 모인 사람들 앞에서 간음한 여인에게 죽음 같은 수치심을 안겨주면서 동시에 예수님을 곤경에 빠뜨리는 것이 그들이 진짜 바라는 것이었습니다.

　그러나 예수님의 대답은 '돌로 쳐라' 또는 '용서해라'가 아니라, "너희 가운데 죄 없는 사람이 먼저 저 여자에게 돌을 던져라."라는 것이었습니다. 그랬더니 하나둘 나이가 많은 사람부터 떠나갔습니다.요한 8,1-11 그들은 그 여인의 얼굴에서 자신들의 음탕한 자화상을 보았던 것입니다.

　우리가 아는 노무현이라는 인물은 우리나라의 정치적 풍토는 수용할 수 없는, 시대가 찾아낸 '광대'라고 표현해도 무방할 것 같습니다. 성역이라 여겨지던 언론에 대한 거침없는 공격, 분방하고 과격한 말투, 탈지역적인 정치행보, 고졸이라는 학력으로도 기죽지 않는 당당함을 볼 때 그는 정치인이기 이전에 광대적 기질을 타고났습니다.

　옛 조선 시대 광대들은 가장 밑바닥 인생인 천민의 신분이었지만 신분과 계급을 넘나들며 정치적, 사회적 모순을 날카롭게 풍자하여 민중에게 잠시나마 해방과 자유를 선사했습니다. 그들은 아무런 힘도 권력도 없었지만 방방곡곡을 돌며 민중의 의식을 변화시키고 세상의 문화를 바꾸어 놓았습니다. 정치적 권력은 할 수 없는 일이었지요.

　실제로 노무현 전 대통령은 그가 추구했던 변화와 개혁의

의제를 실현하는 데는 한국의 정치적 풍토를 극복하지 못하고 리더십의 한계를 드러낸 실패한 대통령이었습니다. 그러나 현실 정치인으로서가 아니라 자유와 이상을 추구하며 '시대정신'을 담아낸 한 사람의 광대로 그를 바라보면 우리 정치 사회에 꼭 있어야 할 인물이었습니다.

사람들이 촛불을 들고 광화문으로 모이던 날 저도 촛불 하나 들고 밤늦도록 촛불이 일렁이는 광화문 밤거리를 걸으며 집회에 참여한 사람들의 표정과 움직임을 바라보았습니다. 자신을 태워야만 불꽃을 내는 촛불의 의미를 아는지, 촛불을 손에 든 사람들의 표정과 움직임은 아름답고 진지해 보였습니다. 시뻘겋게 두 눈을 부릅뜨고 두 주먹을 불끈 쥐고 시위하던 1980년대의 모습과는 너무나 달랐습니다.

사람들이 노무현 정권을 두고 정치적 광대놀음에 불과했다고 평가한다 해도 노무현 시대 5년 동안 민중의 의식과 문화는 그 광대의 몸짓에 의해 바뀌었습니다. 그 5년 동안은 적어도 공권력이 물대포를 쏘아대며 사람들을 함부로 잡아가고 가두는 일이 없었습니다. 생존을 외치는 철거민들이 개발이라는 이름 아래 특공경찰에 의해 진압되어 죽어가는 일도 없었습니다. 금강산을 가고 싶으면 가고 개성공단도

돌아보고 싶으면 돌아볼 수 있었습니다. 신기하게도 그때는 우리 경제도, 남북관계도, 사회 환경도 어느 시대보다도 평온했습니다.

한 여인이 불륜으로 시장 한복판에 잡혀 왔습니다. 바리사이파 사람들과 율법학자들이 예수님께 "이 여인을 돌로 칠까요?" 하고 묻습니다. 이번에는 예수님이 "너희 중에 죄 없는 사람이 먼저 이 여인을 돌로 쳐라."라고 하지 않고 "너희들은 반드시 이 여인을 돌로 쳐라."라고 말하고 있습니다. 불륜의 죄목으로 잡혀온 정치인 노무현. 그에게 반드시 누군가 돌을 던져야 합니다. 그래서 치졸하고 비굴한 정치판의 노무현은 철저하게 죽어야 합니다. 그러나 우리의 의식과 문화를 바꾸어 놓은 광대 노무현은 우리 정치사에 반드시 살아있어야 합니다.

아
파
트,
미
래
가
없
는
공
간

늦은 밤이지만 아파트 불빛이 환합니다. 나무는 비옥한 토
양을 만나 키가 훌쩍 자라지만, 우리나라 아파트는 돈이 될
만한 곳이면 어디든 터를 잡고 키를 키우는 것 같습니다. 지
구상에 새로 생겨나 마구 번져나가는 괴생물체처럼 희뿌연
콘크리트 아파트가 도시를 넘어 시골까지 잠식해 나가고 있
습니다. 유럽이나 북미에서는 대부분 이민자나 가난한 노동
자가 거주하는 곳이 아파트지만, 우리나라에서는 신기하게

도 소위 중산층이나 중산층에 들고자 하는 사람들이 아파트로 몰립니다.

프랑스 지리학자 발레리 줄레조Valérie Gelézeau는 한국 사회의 이해할 수 없는 이 기현상을 근현대 한국 사회의 흐름에 대한 예리한 관찰을 통해 새롭게 설명했습니다. 그는 땅은 좁고 인구밀도가 상대적으로 높은 환경에서 아파트가 주택 문제 해결책이었다는 기존의 해석에 반기를 들고, 이것은 독재와 권위주의적 정치환경에서 발생한 사회적 현상이라고 진단합니다.

그에 따르면 '아파트는 독재적인 정부가 양적 성장과 외형적 경제지표에 집착하면서 재벌과 손을 잡고 이루어 낸 인위적인 작품'입니다. 정부는 대규모 주택사업을 통해 재벌에게 특혜를 주고, 재벌은 이러한 성장 이데올로기에 화답하여 자본을 흡수하며 급속도로 고층 아파트를 양산해 내었습니다. 또한 정부는 아파트 값 통제를 통한 자산 소득 증가를 미끼로 중산층을 대규모 아파트 단지로 유입하여 국가-재벌-중산층 연합이라는 대대적인 정치적 지지 세력을 형성할 수 있었습니다.

이렇게 정부와 재벌 주도로 조성된 주거환경은 중산층 진

입을 위한 첫 단계요, 사회적 계층 상승의 수단으로 변질되어 버렸습니다. 한국 사회에서는 아파트를 구입해야 중산층에 진입할 수 있으며, 더 큰 평수, 상품적 가치가 더 높은 아파트로 옮겨가는 것이 바로 사회 계층의 사다리를 올라서는 증거가 됩니다. 당대 정치세력들은 새로운 아파트를 선사할 달콤한 개발계획을 발표하여 정치적 목적을 달성했습니다. 수많은 가난한 세입자와 원주민을 도심에서 몰아내며 군중의 환호를 받았던 뉴타운 건설이 바로 그 대표적인 예입니다. 뉴타운은 이러한 정치세력들이 필요한 정치적 지지를 얻는 데 그 역할을 톡톡히 한 바 있습니다.

아파트는 욕망을 자극하여 사람들이 기계처럼 효율적인 경제활동만을 하게 하는 가장 좋은 당근입니다. 아파트 생활에 익숙해진 사람들은 더욱 쉽게 개인주의로 빠져듭니다. 아파트 단지 내 안전 문제는 경비원과 CCTV가 맡아주고 있고, 벽보판과 실내에 설치된 스피커를 통해 아파트 생활에 필요한 공지사항이 전달됩니다. 획일화되고 통제된 삶의 방식 속에 편리와 안전을 제공받는 사람들은 더 이상 이웃이 필요하지 않습니다.

'군중은 개인보다 더 다루기가 쉽다.'라는 말이 있습니다.

사람들의 삶의 공간은 더 가까워졌지만 관계는 콘크리트 벽만큼이나 딱딱하고 차갑게 단절되어 있습니다. 대규모로 모여 살아 집단을 이루고 있지만 서로가 서로에게 소외되어 있는 군중의 속성을 고스란히 가지게 된 것입니다. 그들은 늘 주변을 두리번거리며 남들보다 뒤떨어져 혼자 남겨질까 하는 무의식적인 강박증을 앓고 있습니다. 반성과 자각, 이웃과의 연대와 나눔이 없는 삶은 무엇을 위해 살고 있고 어디로 가고 있는지를 성찰하지 않습니다.

군중 속의 개인은 개성과 삶에 대한 자신의 철학과 가치관을 잃은 채 무리의 움직임에만 민감할 뿐입니다. 달콤한 정치적 술수에 이리저리 휘둘리고 혹시라도 대열에서 낙오할까 두려워 남들이 좋다고 하는 상품은 너도나도 구입하여 유행을 만들어 냅니다.

예수님에게 군중은 늘 측은지심의 대상이었습니다. 삶의 갈피를 잡지 못하고 이리저리 몰려다니는 군중을 가엾게 바라보시고 제자들에게 목자 없는 양과 같은 이들을 위해 추수할 일꾼들을 보내달라 기도하라고 이르십니다.마태 9,36- 38 군중은 거짓 목자와 정치적 선동에 휘말리고 맙니다. 빵과 기적을 좇아 구름처럼 몰려왔다가 대사제, 원로 들의 선동에 돌변하여 주먹을 불끈 쥐고 "예수를 십자가에 못 박아라!" 소리치던 군중처럼 말입니다. 이런 군중의 속성을 누구보다 잘 아는 예수님은 사람들이 군중으로 남는 것을 거부합니다.

군중 속에 숨어 살던 자캐오루카 19,1-10도, 열두 해 동안 혈루증을 앓던 여인마태 9,20-22도, 예리코의 소경들루카 18,35-43도 군중으로부터 탈출하여 예수님께로 오자 예수님은 그들이 구원되었음을 선포하십니다. 회당장이라는 유다 사회 고위급 인사의 딸이 죽어 군중이 모여들었을 때도 이들을 흩으시고 난 다음에야 그 죽은 딸을 살려내십니다.마태 9,23-26 5천 명을 먹이실 때에도 그들이 빵만 바라는 군중이 되기를 바라지 않아 모인 사람들을 '한 무리씩 어울려 자리를 잡게 하셔서' 공동체를 만든 다음 서로를 바라보고 느끼며 빵을 나누도록 하셨습니다.마르 6,30-44

도시 곳곳에 재개발 사업이 장밋빛 꿈을 선사하며 사람들을 모아들이고 있습니다. 용산 참사에서 알 수 있듯 대한민국의 사법부, 행정부도 환호하는 군중 편에 서서 소수의 저항하는 세입자와 가난한 이들에게는 법의 잣대로 재갈을 물리는 데 앞장섭니다. 경기가 어려운 이 시기에 전국 곳곳의 건설경기를 살려서 눈에 보이는 경제성장 지표를 빨리 끌어올려야 하기 때문입니다.

콘크리트의 수명은 100년쯤 되지만 아파트 수명은 30년 정도입니다. 20년만 지나도 오래된 자동차가 여기저기 고장이 나는 것처럼 기계 설비시설이 많은 아파트는 문제를 일으키기 시작합니다. 하지만 이익은 보장되지 않고 엄청난 건설 비용만 지불해야 하는 재개발에 아무도 관심을 가지지 않을 것입니다. 결국 폐차처럼 상품 가치를 상실한 아파트에서 사람들이 썰물처럼 빠져나갈 겁니다. 빠르면 20-30년이면 뉴타운은 올드타운이 되고 유령처럼 서있는 아파트들은 슬럼화되고 맙니다. 이런 진단을 내리며 발레리 줄레조는 미래가 없는 한국의 도시를 '하루살이 도시'라고 결론 맺습니다. 오로지 오늘만 있는 사람들이 가져다준 결과입니다.

눈앞의 이익과 눈에 보이는 업적에만 몰두하는 개발독재 시대, 군중은 환호하며 "바라빠를 놓아주고 예수를 십자가에 못 박으라!"고 소리칩니다. 가난한 사람들은 어디론가 또 쫓겨나야 합니다. 이런 군중 속에서 사랑과 정을 나누며 차가운 콘크리트 벽을 헐고 이웃 공동체를 만들어야 하는 교회의 사명은 더욱 절실해집니다.

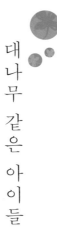

대
나
무
같
은
아
이
들

누구나 가끔은 청소년기의 추억을 더듬어 볼 때가 있을 것
입니다. 사람마다 다를 수 있겠지만 유독 청소년기에 가슴
설레는 아름다운 추억도 많지만 떠올리고 싶지 않은 부끄러
운 상처도 많은 것 같습니다. 돌아보면 아무것도 아닌 것들
이 왜 그렇게 아프고 힘들었던지….

사제가 되어 처음으로 본당에서 청소년 사목을 하면서 이
런저런 청소년을 만났습니다. 성실하고 열심인 학생이 있었

는가 하면 우리 기성세대가 '비행'이라 낙인찍은 방황 속에서 힘들어하는 아이도 있었습니다. 그들이 기억하고 싶지 않은 내 청소년기의 영상을 다시 보여주는 듯해서 한참 동안 힘들었습니다. 그러나 청소년기가 갖는 독특한 세계를 이해하면서 저는 오히려 청소년기에 생겨난 상처와 열등감에서 해방될 수 있었습니다. 사실 그들을 깊이 사랑할 수 있었던 것도 이렇게 저 자신과의 깊은 화해가 이루어지고 난 다음이었습니다.

오랜 시간이 지났지만 지금도 사랑과 정성을 쏟아부은 기억 속의 이 친구들에게서 간간이 전화를 받습니다. 당시에는 도저히 치유될 수 없을 것 같았던 그들은 놀랍도록 건강한 한 사회인으로 자리 잡아 가고 있었습니다.

윤선도는 〈오우가〉에서 "나무도 아닌 것이 풀도 아닌" 것이 대나무라고 재미있게 표현했습니다. 대나무는 '세상에서 가장 키가 큰 풀'로 '대풀'이라고도 불리며 갈대와 같은 풀에 속하면서도 동시에 당당한 나무로서 목본木本에도 속해 있는 '양의성'을 띠고 있는 식물입니다. 대나무가 이렇게 나무와 풀, 두 자리를 모두 차지할 수 있는 것은 생존에 가장 위협적인 추위에도 굴하지 않는 생태적 특징 때문입니다.[1]

1. 이어령, 「대나무: 한·중·일 문화코드읽기 비교문화상징사전」, 도서출판 종이나라, 2006.

그래서 겨울에도 푸르름을 잃지 않는 '세한삼우歲寒三友'에서는 소나무·매화나무와 같은 나무와 한 식구가 되고, 고결한 군자의 인품에 비유하는 '사군자四君子'에서는 난초·국화와 같은 풀과 한 식구가 됩니다.

청소년은 바로 이런 대나무와 같습니다. 대나무는 보통 4년이란 긴 기간 동안 싹을 내지 않고 땅속에서 사방 수십 미터씩 뿌리를 내립니다. 그런 후 땅 위로 나오자마자 단번에 하늘을 향해 쭉 뻗어 올라 어엿한 나무로 우뚝 섭니다. 청소년도 마찬가지입니다. 스스로 설 자리를 찾기까지 자신의 삶의 토양에 이리저리 뿌리를 뻗으며 오랜 시간을 어둠 속에서 보냅니다.

사회에 대한 독립과 의존이라는 상반된 요구를 받고 미래의 삶의 방향에 대한 선택을 강요받지만 자신도 없고 정체성도 확립되어 있지 않은 청소년은 자신의 삶에 대한 번민이 증폭되어 어두운 땅속을 헤매기도 합니다. 그것은 동화와 신화 같은 이야기로 둘러싸인 유년기의 껍질을 벗고 거칠고 냉철한 한 인간으로 깨어 나오는 탈출의 과정이며, 불합리한 간섭과 권위로부터 해방되어 자유인이 되고자 하는 몸부림입니다. 그래서 청소년은 당연히 고민하고 갈등해야 하며 때론 비행마저도 용인받을 수 있어야 합니다.

때문에 청소년기의 영성은 아래로부터의 영성입니다. 아래로부터의 영성은 인간의 고통과 번민, 욕구 등 일차적인 것으로부터 하느님께로 향하는 영성입니다. 그것은 위로부터의 어떤 전제나 가치 판단 없이 인간 실존의 바닥에서부터 출발하는 영성으로 삶의 자리에서 겪는 갈등과 번민 속에서 발아되는 영성입니다.

그러기에 비록 올바른 것이라 하더라도 청소년에게 특정 가치에 대해 지나치게 강요하는 것은 오히려 분열을 초래할 위험이 있습니다. '위로부터의 영성'은 각자의 "능력을 뛰어넘을 것을 요구하며 약점과 한계를 억압하거나 인정하지 않는"[2] 경향이 있기 때문입니다. 청소년에게 가장 필요한 것은 각자의 필요와 성장 리듬을 존중받으며 청소년기의 특징을 살아낼 수 있게 해주는 인내와 사랑과 자비와 온유함의 토양임을 우리 기성세대는 잊지 말아야 합니다.

또한 대나무는 숲을 이루며 무리 지어 자랍니다. 앞산에 홀로 청정하게 서서 풍파를 견디는 소나무와는 달리 서로의 뿌리를 엮어 숲을 이루고 서로를 지탱하며 세찬 폭풍우를 견뎌냅니다. 그래서 일본에는 지진이 일어나 땅이 꺼지고

2. 안셀름 그륀. 「하늘은 네 안에서부터」. 분도출판사, 1999.

갈라져도 대나무 숲에 있으면 안전하다는 말이 있습니다. 그만큼 복잡하게 뒤엉킨 대나무 뿌리가 안전한 그물 역할을 하기 때문입니다.

자신의 정체성이 불안정한 청소년은 대나무처럼 서로 얽혀서 무리 지어 성장합니다. 절대적인 보호자에게서 벗어나 점차 또래집단으로 편입되어 나름의 인간관계를 맺습니다. 이를 통해 처음으로 수직적 · 혈연적 의존 관계에서 벗어나 수평적 · 사회적 관계를 맺으며, 자신의 존재에 대한 동기를 부여받고 자아 지지의 기반을 마련합니다. 또한 그 안에서 공동체의 한 부분인 동시에 독립적이며 주체적인 자아로서 존재하는 법을 배웁니다. 이렇게 서로가 서로를 고무하고 발달시키며 서로의 이상과 가치를 엮어 단단한 공동체를 일궈냅니다.

이러한 또래집단은 현대에 와서 점점 더 중요해지고 있습니다. 지식과 정보의 홍수 속에 전통적 가치관과 종교적 신념의 구조가 붕괴되고 세대 간의 차이가 커지면서 기성세대와의 단절과 대립은 더욱 깊어지고 있습니다. 또한 산업화의 부산물인 물질주의와 쾌락주의가 비판 없이 수용되어 "경제적 가치가 없으면 가차 없이 버리는 '폐기의 문화'"[3]가 만연

3. 「교황 프란치스코, 자비의 교회」, 바오로딸, 2014.

한 가운데 존재의 이유를 찾는 일이 더욱 힘겨워지고 있습니다.

이런 상황에서 또래집단은 청소년이 위로받을 수 있고 자신의 정체성을 확인받을 수 있는 유일한 자리가 되었습니다. 서로 얽히고 지탱하면서 이룬 그들만의 무형의 이 비밀 공간에 의지해 급변하는 자신과 주변의 세계를 견뎌나가는 것입니다. 혼자서는 아무것도 아닌 것 같지만 또래집단에서 함께하면서 소중한 자기 가치를 발견합니다. 혼자 있으면 아무도 알아주지 않지만 또래집단 안에서는 서로를 알아봅니다. 때로 또래집단이 청소년 비행의 발원지가 된다 하더라도 일그러진 세상에 대한 고민과 갈등의 표출로 이해해야 하는 이유가 여기에 있습니다.

대나무는 지구상에서 가장 빨리 성장하는 식물입니다. 그 비결은 뿌리와 생장점에 있습니다. 대나무 뿌리는 죽순이 땅 위로 올라오기 전까지 땅속에서 수년 동안 성장할 때 필요한 영양소를 한꺼번에 빨아들일 준비를 합니다. 그리고 생장물질이 분비되는 생장점이 줄기와 뿌리의 끝에 있는 보통 나무와는 달리 대나무에는 죽순 때부터 마디와 마디 사이에 40여 개나 완성되어 있습니다.

따라서 대나무는 죽순으로 땅 위에 나타나자마자 줄기차게 자랍니다. 빨리 자랄 때는 하루에 30센티미터씩 자라서 30-40일이 지나면 10미터가 넘기도 합니다. 보통 나무라면 30-40년 걸리는 성장을 대나무는 1년이면 다 해치웁니다. 이렇게 빨리 자라기에 대나무 속은 미처 채워지지 못합니다. 아니 속을 비웠기에 하늘을 향해 더 높이 자란다고 하는 것이 맞을 것 같습니다. 성장은 이렇게 비움에서 나옵니다.

  속이 빈 채 단번에 커버린 대나무는 약할 것 같지만 태풍에도 부러지지 않을 만큼 강합니다. 이 또한 마디 덕분입니다. 대나무의 속은 세로 방향이 일정한 간격을 가지고 가로 방향으로 끊어져 있는데, 이런 가로 마디는 길이의 약점을 보완해 줍니다. 마디 덕분에 대나무는 유연성과 강도를 갖추어 그렇게 높이 뻗어나가면서도 쉽게 부러지지 않는 것입니다. 이 모든 게 오랜 기간 어두운 땅속에서 겪은 시련과 고통이 가져다준 선물입니다.

  청소년도 그렇습니다. 무한한 가능성을 가지고 사상, 감정, 잠재력 등의 촉수를 사방으로 활기차게 뻗는 동시에 현실적 한계에 부딪히면 깊은 좌절과 절망에 빠집니다. 하지만 이렇게 성공과 실패, 희망과 좌절을 반복하며 삶의 마디를 만들고 확고한 자아 정체성이란 뿌리를 삶의 토양에 깊이 박으며 굳건한 어른으로 성장합니다.

청소년이 갈등하고 방황하는 그 마음의 뿌리에는 하느님이 각자에게 새겨주신 사랑을 살고 싶은 갈망이 있습니다. 아이들은 이러한 갈망을 품은 채 현실과 이상을 넘나들고 성장과 정체를 반복하며 사랑의 삶을 배워나갑니다. 그러므로 우리 기성세대는 청소년을 깊이 이해하고 사랑하기 위해 노력해야 합니다. 그것은 단순히 청소년을 돕기 위해서만이 아닙니다. 그보다는 청소년의 삶을 왜곡하고 더럽히며 삶의 가치와 존재의 의미를 청소년보다 더 모르고 살고 있는 우리가, 그들의 세계를 깊이 바라보는 가운데 오히려 우리 자신을 발견하고 회심하며 우리 인생을 관통하는 하느님의 사랑을 만날 수 있기 때문입니다.

괴
물
이

된

사
회
와

청
소
년

제가 있던 본당에는 주일 아침 9시면 중고등부 미사가 있었
습니다. 중고등부 학생 미사라고 부르기에는 조금 멋쩍은
규모로 스무 명 남짓 참여했는데, 그나마 부모의 성화로 마
지못해 나온 아이들이 대부분이었습니다. 미사를 거행하면
서 잠이 덜 깬 듯 축 처진 어깨로 힘없이 서있는 아이들을 바
라봅니다. 학교를 치열한 경쟁으로 몰아넣은 사회에 희생되
고 있는 아이들의 모습입니다. 본당 사제로서 이 아이들에

게 도대체 무엇을 해줄 수 있을지 미사 내내 답답하기만 했습니다.

오래전에 본 〈괴물〉이라는 한국 영화가 생각납니다. 미군이 몰래 한강으로 흘려버린 독극물이 어떤 생물체에 유전자 변이를 일으켜 공룡 같은 거대한 괴물이 생겨나게 되고, 그 괴물이 우리에게 가장 낯익은 공간인 한강에 출현합니다. 이리저리 사람들을 사냥하던 괴물이 강변에서 장사하던 힘없고 가난한 가정의 어린 소녀를 잡아가면서 영화가 본격적으로 전개됩니다. 제게는 이 영화가 지금 한국 사회의 한 단면으로 보입니다. 가진 자, 힘 있는 자(미국)의 왜곡된 가치관(독극물)이 사회라는 물결 속에 흘러들어 괴물을 탄생시키고, 힘없고 약한 이들이 이 괴물에게 끊임없이 괴롭힘을 당하는 이야기로 들립니다.

과거 군사독재 시대에는 도전해야 할 대상이 분명히 보였고 극복해야 할 정치제도와 모순도 선명했습니다. 하지만 지금은 실체가 보이지 않는 괴물이 우리 사회를 지배하고 있습니다. 이 때문에 우리 시대가 과거 군사독재 시대보다 더 암울하게 느껴질 때가 있습니다. 자유로운 선거를 통해 우리 손으로 대통령을 뽑을 수 있게 되었지만, 이젠 군부 세력이 아니라 실체가 보이지 않는 탐욕의 기득권 세력들이 거대하게 결집하여 우리 사회를 교묘하게 옭아매고 있습니다.

인간의 탐욕이 탄생시킨 이 괴물은 가난하고 약한 이들을 희생 제물로 삼고 있습니다. 가난한 사람은 외면하고 가진 자에게는 질 좋은 의료서비스를 제공하겠다는 의료 민영화, 기득권 세력 비호 언론을 지원하는 미디어법, 재벌이 은행까지 소유할 수 있게 해주는 특혜법, 4대강 사업을 비롯한 전 국토를 파헤치는 토건 사업 등을 국가의 경제 성장과 발전이라는 허울 좋은 미명 아래 밀어붙이며 끊임없이 생태계를 파괴하고 사회 곳곳에서 약자의 억울한 고통과 희생을 강요하고 있습니다.

교육 역시 자본주의적 효율성의 잣대로 재단되면서 이기심과 탐욕을 끊임없이 자극하는 형태로 변질되어 가고 있습니다. 이런 흐름의 최대 희생자가 바로 청소년입니다. 사교육비를 절감하겠다는 공약과는 반대로 사교육비가 오히려 훨씬 증가했다는 보도는 이런 단면을 잘 보여줍니다. 사교육 심화로 학생은 더욱 치열해진 경쟁 속에서 피폐해지고, 가난한 가정은 늘어난 사교육비 부담으로 더 큰 경제적 고통을 받으며, 평등한 교육의 기회는 보장되지 못하고 있음을 어렵지 않게 눈치챌 수 있습니다. 여기에 '자율형 사립 고'니 '입학사정관제'니 하는 교육 제도를 더하며 교육에서 부터 사회 계층 간 이동을 막고 있다는 의심을 자아냅니다.

어느 신문에서 '만약 10억을 벌 수 있다면 10년 동안 감옥살이를 기꺼이 할 수 있겠는가?'라는 질문에 우리나라 청소년의 18퍼센트가 기꺼이 감옥에 가겠다고 응답했다는 보도를 읽었습니다. 국민권익위원회의 부패인식도 조사에서도 청소년 3명 가운데 1명은 '정직하게 사는 것보다 돈을 많이 버는 것이 더 중요하다.'고 응답했습니다. 인생의 의미와 가치를 고민하는 가장 예민하고 정직한 청소년기 아이들의 가치관이 이렇게까지 왜곡되어 있다니 놀랍기만 합니다.

교육이란 오로지 지식을 전달하는 수단이 아니라는 것을 누구나 알고 있습니다. 인생의 의미와 가치는 어디에 있는지, 어떻게 살아야 할지, 무엇을 해야 할지에 대한 고민을 곁에서 지켜보고 이끌어 주는 것 또한 교육입니다. 경제협력개발기구OECD 국가 평균과 비교해 보면 우리나라 학생이 일주일에 15시간이나 더 공부하지만 학업 성취도는 결코 높지 않습니다.

이런 교육을 받은 우리 아이들이 선진국을 이룰 재원이

되기는 어렵습니다. 선진국이 되기 위해서는 국가 경제력만이 아니라 이를 뒷받침할 정신적 성숙이 요구되기 때문입니다. 우리 사회를 건강하게 성장시키는 동력은 청소년기라는 한 시기에 강요된 '지식'이 아니라 정직하고 성실한 삶의 '지혜'에서 나옵니다.

국가를 통치하는 것은 기업을 경영하는 것과 다릅니다. 기업의 목표는 이윤을 극대화하는 것입니다. 그러기 위해서는 무능한 인력은 잘라내고, 소수의 인재에 자원을 집중하는 것이 효과적인 방법이지요. 그러나 국가는 살아 숨 쉬는 하나의 생명체와 같아서 모든 지체가 건강하게 균형과 조화를 이루어야 제대로 설 수 있습니다. 국가를 기업 경영하듯 통치한다면 그 국가는 불구가 되거나 기형의 괴물이 되고 맙니다. 학교 교육도 이와 다르지 않습니다. 기업 경영하듯 엘리트 집단 양성에만 몰두한다면 우리 사회의 기형화는 걷잡을 수 없이 심화되고 말 것입니다.

청소년기는 현실과 이상을 넘나들면서 존재의 의미와 사랑을 배우는 시기입니다. 마음에 담은 사상, 감정, 잠재력이 인생의 그 어느 시기보다 존중받고 보호되어야 할 때입니다. 인생의 의미에 대하여 충분히 갈등하고 고민하며 자신의 인격과 가치를 정립해야 하는 아주 중요한 시기입니다.

　그런데 우리 청소년은 영화 〈괴물〉 속 거대한 괴물에 잡혀있는 소녀 같아 보입니다. 이런 아이들의 모습에 저의 마음은 더없이 안타깝습니다. 우리 청소년의 삶을 우리 사회의 괴물로부터 구해야 합니다. 그리고 이것은 가족과 이웃의 관심과 사랑에서 시작되는 일입니다. 무시무시한 골리앗을 무너뜨린 다윗처럼 우리 사회를 지배하고 있는 저 괴물을 무찌르는 것이 하느님께 의탁하며 살아가는 신앙인, 바로 우리들의 숙제인 이유입니다.

꽃
섬　사
람
들
의　눈
물

지인이 보낸 책 한 권이 배달되었습니다. 황석영의 「낯익은
세상」이라는 소설입니다. 책상 위에 제 욕심만큼이나 읽어
야 할 책들이 수북하게 쌓여있는데 다 제쳐두고 이 책은 받
자마자 단숨에 다 읽었습니다. 책의 내용이 특별히 긴장감
이 있거나 흥미진진해서가 아닙니다. '꽃섬'에 사는 사람들
의 잔잔한 삶의 이야기가 제게도 잊을 수 없는 '낯익은 세
상'이기 때문입니다.

꽃섬은 오래전 서울시의 쓰레기 매립지였던 난지도를 일컫는 말입니다. 서울 시민이 버린 쓰레기가 모여있는 곳, 여의도 크기만 한 흉물스런 거대한 쓰레기 산이 섬처럼 도시 변방에 덩그러니 떠있는 곳이 난지도였습니다. 지금은 그 이름마저도 사람들의 기억에서 사라지고 있지만 그곳에서의 체험은 결코 저의 뇌리에서 지울 수 없는 기억으로 남아있습니다.

신학생 시절, 방학 기간 동안 동료 신학생들과 함께 난지도로 노동피정을 떠난 적이 몇 번 있었습니다. 노동피정은 학식이나 영성이 깊은 강사를 모셔놓고 하는 것이 아니라 빈민들과 함께 노동하며 그 삶의 이야기를 직접 듣고 느껴보는 피정이어서 당시 제가 붙인 이름입니다.

난지도에는 쓰레기 더미 위에 폐자재를 얼기설기 세워 만든 몇 채의 집이 서로 이웃하고 있었습니다. 사회로부터 쓰레기처럼 이리저리 버려진 사람들이 이곳에 흘러들어 와 조그만 동네를 이룬 겁니다. 외지인이 처음 그곳에 들어서면 쓰레기가 빚어내는 냄새와 환경에 적응하기까지 구토를 몇 번은 해야 합니다. 하지만 그곳 사람들에게 쓰레기는 꿀을 주는 향기로운 꽃입니다. 그래서 난지도는 그들에게 '꽃섬'인 것입니다. 꽃섬 사람들의 실제 삶은 황석영의 소설보다

쓰레기 산이 된 난지도
1970년대 산업화의 희생물
이 된 난지도는 거대한 쓰
레기 산이 되었다. (사진 제
공: 서울특별시 월드컵공원
홈페이지)

더 치열하고 아팠습니다.

그곳에서 저는 쓰레기 더미에서 폐품을 수집하며 생계를 이어가는 할머니를 만났습니다. 일찍이 남편과 사별하고 폐품을 주워서 팔다가 생활고가 심해지면서 이곳 난지도까지 이른 분이었습니다. 할머니의 아들 역시 난지도에서 생계를 잇고 있었습니다. 마흔이 훌쩍 넘었을 그 아들은 쓰레기 더미 속에 있던 폐주사기에 찔려 파상풍으로 팔을 하나 잃고 한 손으로 일하고 있었습니다. 비록 한 손이었지만 폐품을 모으고 묶고 나르는 일을 두 손인 우리보다 훨씬 능숙하게 했습니다.

이들 모자의 바로 옆에는 그곳 사람들이 '욕쟁이'라고 부르는 할머니가 사셨습니다. 할머니는 혼자 쓰레기 더미를 뒤지면서 연신 욕을 중얼거리셨습니다. 말을 붙여보아도 욕설로만 응대하시니 무슨 말씀인지 알아들을 수가 없었습니다. 할머니가 살아온 역사는 제대로 알아들을 수 없었지만, 욕을 하지 않고는 살 수 없는 모진 삶이었음을 짐작할 수는 있었습니다. 혼자 몸으로 이 척박한 세상을 살면서 사람들로부터 버려지고 상처받고 배신당하기를 반복하였을 것입니다. 그런 할머니에게는 욕이 자신을 보호하는 방패막이이고 아픔을 토해내는 유일한 방법이었을 것입니다. 험한 세상을 살아오면서 뱃속으로 삼킨 온갖 오물을 토해내듯 욕을 해야만 살 수 있었을 것입니다.

이듬해 방학 때 그곳을 다시 방문했을 때 그분들은 깊은 시름에 잠겨있었습니다. 난지도는 쓰레기를 더 이상 받아들일 수 없을 정도로 과포화 상태가 되어 곧 매립될 것이라는 발표가 난 것입니다. 이리저리 돌다가 더 이상 쓸 수 없게 된 물건이 마지막으로 보내지는 곳이 쓰레기 매립지이듯, 난지도 사람들도 더 이상 물러날 데가 없었습니다. 이제 한쪽 팔로 세상을 살아가는 순한 그 아들과 노모는 이 세상에 그들을 받아줄 곳을 찾아 또 어디론가 떠나야 합니다. 욕쟁이 할머니는 삶의 마지막 터전에서마저 버림받고 더 악을 쓰며 욕을 해댈지도 모릅니다.

저희들의 난지도 노동피정도 그해 방학이 마지막이었습니다. 그분들과 마지막으로 함께한 후 쓰레기 언덕을 내려오던 순간, 욕쟁이 할머니는 호미 든 손을 휘휘 흔들어 주고 언덕 너머로 사라졌습니다. 외팔이 아저씨와 할머니는 쓰레기 등성이에 서서 석양빛을 받으며 우리 일행이 보이지 않을 때까지 손을 흔들어 주고 언덕 너머로 사라졌습니다. 그것이

제 머리에 남아있는 꽃섬 난지도의 마지막 장면입니다. 그 날 참 많이도 울었습니다. 그 후 쓰레기 투여가 중지되고 매립이 시작되었다는 소식을 끝으로 난지도는 침묵 속에 젖어들었습니다.

수년이 지난 후 어느 날 한 일간지에 실린 사진 한 장이 저의 눈에 확 들어왔습니다. 그 사진에서는 죽음의 땅이었던 난지도가 숲을 이루고 있었습니다. 풀과 나무가 자라났고 새들이 둥지를 틀고 있었습니다. 이렇게 난지도는 새 생명으로 깨어나기 시작했습니다. 또다시 수년이 지나자 난지도는 억새꽃 출렁이는 아름다운 '하늘공원'으로 변해있었습니다. 몇 킬로미터나 떨어진 곳에서도 쓰레기 악취가 날 정도로 썩고 병들었던 땅, 도무지 회생될 것 같지 않은 죽음의 땅이었던 난지도가 시리도록 푸른 가을 하늘을 이고 아름다운 한 폭의 그림이 되어있었습니다.

이 놀라운 자연의 복원력을 보면서 저는 세상을 치유하시는 하느님의 손길을 느꼈습니다. 하느님께서는 이렇게 썩고 냄새나는 죽음의 땅을 살려내듯, 우리 죄악의 역사를 품어서 치유하고 원래의 아름다운 에덴으로 복원시키실 것이라는 생각이 들었습니다. 외팔이 아저씨의 눈물을 닦아주고

난지도의 변신 1992년 난
지도는 폐쇄되고 10년간
공원 조성 작업을 거쳐 지
금은 가족 나들이의 명소
가 되었다. (사진: 김한정,
2009년 대구 환경 사진 ·
동시 공모전 장려상)

욕쟁이 할머니의 삶의 역정이 온전히 치유되는 하느님 나라. 하늘공원은 하느님께서 어떻게 이 땅에 하늘나라를 이루실지 알려주는 작은 표징처럼 느껴집니다.

난지도에서 억새축제가 열리던 날, 저는 억새밭 사이를 이리저리 거닐며 즐거워하는 사람들의 모습을 지켜보았습니다. 나들이 나온 가족, 술래잡기를 하며 억새 숲 사이를 뛰어다니는 아이, 한들거리는 억새꽃 하늘을 배경 삼아 사진 찍는 연인…. 적어도 그 순간만큼은 저들에게 하늘공원이 하늘나라였습니다. 그들 틈에서 저는 발아래 땅속 그 옛날 꽃섬 사람들의 고단했던 삶의 이야기를 다시 듣습니다. 세월이 흘렀지만 여전히 세상 곳곳에서 꽃섬 사람들의 이야기는 계속되고 있습니다. 모두가 함께 어우러져 사랑을 나누는 세상, 예수님께서 이 땅에서 그토록 이루고 싶어 하셨던 '하늘나라'를 '하늘공원'에서 꿈꾸어 봅니다.

생
명
과

존
엄
을

지
키
는

등
대

늦은 밤 명동성당의 언덕길을 올라본 적 있는지요? 도시의
소음과 현란한 불빛이 하나둘 어둠 속으로 사라진 시간, 찬 바
람 맞으며 우두커니 서있는 명동성당을 바라본 적 있는지요?

성당의 종탑 위에 휘영청 밝은 보름달이 걸리고 검푸른
밤하늘에 별 몇 개가 반짝이는 날이면 명동성당의 모습은
아프도록 아름답습니다. 30년 동안을 이곳 명동에 사셨던
김수환 추기경님은 이런 명동성당의 밤 풍경이 너무나 아름

다워 명동의 언덕을 서성이곤 하셨다지요. 시대의 격동기를 교회와 함께 감내해야 했던 추기경님은 저 고딕성당 종탑을 바라보며 수많은 상념에 잠겼으리라 생각됩니다.

교회를 고민하고 사랑하는 사람이면 누구나 한 번쯤은 명동성당 밤 풍경을 올려다보고 '교회는 세상에 무엇이며, 무엇을 해야 하는지'를 물으면서, 암울하던 시대의 명동을 추억해 보았을지도 모릅니다. 명동성당이 아름다운 것은 단순히 외적인 밤 풍경 때문만이 아니라 우리 마음속 깊은 곳에서 피어나는 양심과 정의를 만나게 해주기 때문일 것입니다.

명동성당을 바라볼 때면 늘 이 땅은 우리 민족을 위한 하느님 섭리의 장소라고 느껴집니다. 짧은 기간이지만 명동성당에서 보좌신부로 있으면서 특별히 명동성당 100주년 기념행사를 준비한 관계로 저는 명동성당의 역사를 되돌아볼 수 있는 행운을 가졌습니다.

우리 신앙의 선조들이 도심 한복판에 처음으로 교회 공동체를 이룬 이곳 명례방은 당시 경직된 양반 관료체제를 거슬러 하느님 앞에 자유와 평등을 가르친 '사회 복음화'의 첫 장소였습니다. 곧 이곳은 복음의 진정한 가치를 이 땅에 실현하기 위해 최초로 목숨을 바친 선조들의 순교의 진원지

가 되었습니다. 박해가 끝난 후 코스트 신부(한국명 고의선)
Eugène-Jean George Coste, 1842-1896가 여기 명동에 성전을 지어
원죄 없이 잉태되신 복되신 동정 마리아께 봉헌하였고, 기
해박해와 병인박해 당시 순교자들의 유해를 성당 지하에 모
시면서 이곳 명동 터는 더욱 거룩한 장소가 되었습니다.

그래서일까요? 한국사의 고비마다 그 중심에 명동성당
이 있었습니다. 1904년 가톨릭 청년들이 이곳에서 일제에
항의하는 모임을 가졌는가 하면, 서슬이 퍼렇던 유신독재의
절정기에는 '민주구국선언문'을 낭독한 18명의 반정부인
사가 구속당하는 소위 '3·1절 기도회 사건'도 이곳에서 일
어난 일이었습니다.

특히 제5공화국 군사정권 시절, 정의구현사제단이 '박종
철 고문치사 은폐·조작사건'의 진상을 폭로한 곳도 바로 이
곳이었으며, 이로 인해 1987년 6월 항쟁의 진원지가 되어
민주 회복에 결정적인 역할을 한 곳도 명동성당이었습니다.
그러기에 명동성당은 살아있는 우리 교회의 모습을 대변하
는, 바라보기만 하여도 대견스럽고 든든한 곳입니다.

늦은 밤 명동성당의 언덕길에 서서 명동의 밤 풍경을 우
두커니 바라보았습니다. 금방이라도 눈이 쏟아질 듯 검은

구름이 명동의 밤하늘을 내리누르는 밤, 차가운 공기를 뚫고 종탑에 붙은 벽시계의 노오란 불빛이 유난히도 밝게 빛나고 있었습니다. 그 모습이 문득 세속의 파도에 출렁이는 도시를 지키는 등대 같다는 생각이 들었습니다.

이 시대 저 명동성당의 의미는 무엇일까요? 어쩌면 현재 우리 사회는 군사정권의 압제가 자행되던 1970-1980년대보다 더 무섭고 암울한 시대를 살고 있는지도 모릅니다. 분명 거짓과 허구, 반생명적 죽음의 문화, 물질주의가 온통 우리 사회를 잠식해 가고 있는데 교회가 맞서야 할 그 악의 실체가 어디에 있는지 분간하기 어렵습니다.

그저 잘사는 것이 선이고 무엇을 하든 돈만 벌면 된다는 자본의 논리가 어느새 우리 사회를 잠식하여 부富가 사람의 가치를 판별하는 척도가 되었습니다. 돈이 되는 것이면 인권도 생명 윤리도 끼어들 틈이 없고, 사회정의도 국익의 이름으로 철저하게 배척받고 있습니다.

우리들의 이 슬픈 자화상은 겉과 속이 다른 모순을 살고 있는 인간 존재의 나약함과 한계에서만 비롯된 것이 아닙니다. 그것은 인간의 존엄성이 있어야 할 주인의 자리를 빼앗은 자본의 힘이 비틀어 놓은 우리 삶의 모습입니다.

명동성당 이 성당이 아름다운 것은 우리 마음속 깊은 곳에서 피어나는 양심과 정의를 만나게 해주기 때문이다. (사진: 정진호)

우리는 남아시아를 강타한 지진해일이 얼마나 무서운 재난이었는지 매스컴을 통해서 경험한 바 있습니다. 바다 위에 부는 어떤 강한 태풍보다 깊은 바다 속에서부터 일어나는 지진해일이 훨씬 더 무섭고 파괴적인 이유는 바로 땅의 근간을 흔드는 지진 때문입니다. 마찬가지로 반생명의 문화, 생태환경의 파괴, 약자의 희생 등이 경제적 효용을 위해 피할 수 없는 일이라 해도 그로 인한 인간성의 파괴가 가져올 사회적 재앙은 그 어떤 경제적 효용으로도 상쇄하기 어려운 무서운 재난이 될 것입니다.

순교자의 터에 세워진 명동성당은 시대마다 조금씩 그 모습이 달랐지만 그 뿌리는 인간 존엄성의 수호에 있습니다. 우리 보편 교회가 지구라는 생명의 바다에 떠있는 등대라면 명동성당은 인간의 생명과 존엄성을 지키는 등대입니다.

명동성당의 밤 풍경은 교회를 사랑하는 모든 이에게 생명을 지키는 거룩하고 아름다운 등대지기가 되라고 말하는 듯합니다. 내 안에 흔들리지 않는 굳건한 진리의 등대, 생명의 주인이신 주님의 빛을 혼탁한 세상에 좀 더 분명하게 드러내라고, 밝은 빛을 내며 어둠을 밝히고 있는 종탑 벽시계가 이야기하고 있습니다.

바보 같은 꿈을 가진 이들이 그리워지는 밤

오래전 성탄절 무렵 어느 일간지에 온통 눈으로 뒤덮인 조그마한 시골 마을 성당의 밤 풍경 사진이 실린 적이 있습니다. 금방이라도 은은한 풍금 소리가 여린 불빛을 타고 흘러 나올 것만 같은 그 성당은 오스트리아의 오베른도르프에 있는 성 니콜라오 성당으로 〈고요한 밤 거룩한 밤〉이라는 성탄 축하곡이 처음으로 울려 나온 곳입니다.

1818년 이 성당의 요제프 모어Joseph Mohr, 1792-1848 신부

는 성탄을 앞두고 성가 연주를 연습하기 위해 고물 오르간 한 대를 고치고 있었습니다. 그는 문득 창밖 어둠에 싸인 고요한 밤 풍경을 바라보면서 맑고 투명한 영감에 빠져 한 편의 짧은 시를 썼습니다.

다음 날 그는 곧바로 성당의 오르간 반주를 맡고 있던 프란츠 그루버Franz Xaver Gruber, 1787-1863에게 작곡을 부탁하였습니다. 그루버는 그날 밤 성당에 혼자 남아 아름다운 곡을 탄생시켰습니다. 그루버는 나중에 '눈에 보이지 않는 손에 이끌려 건반을 두드렸다.'고 술회했지요. 하느님은 이렇게 성탄을 기다리던 가난한 시골 신부에게 한 작곡가를 통하여 아름다운 노래를 선물하셨습니다.

눈 덮인 성 니콜라오 성당의 사진이 유독 저의 눈길을 사로잡은 것은, 사진처럼 찍혀있는 어린 시절의 추억 때문인지 모릅니다. 초등학교도 들어가기 전에 어머니를 졸라 글을 배우고 첫영성체를 했던 저는 아주 어릴 때부터 대부분의 시간을 성당에서 보냈습니다. 그래서 제가 기억하고 있는 어린 시절은 대부분 고향에 있는 작은 성당에서의 추억입니다.

미사 복사를 하기 위해 눈이 하얗게 내린 어둑한 새벽길을 종종걸음 치며 달려가던 일, 종지기가 없는 날 제 몸보다 더 무거운 종을 치기 위해 종 줄에 매달려 안간힘을 쓰던 일, 몸이 아픈 형을 낫게 해달라고 성모상 앞을 서성이며 묵주 기도를 간절히 바치던 일이 지금도 생생합니다.

특히 성탄이 가까워질 무렵이면 아예 성당에서 살다시피 했습니다. 난롯가에 둘러앉아 연극을 연습하고, 형들이 치는 기타 반주에 맞추어 노래를 배웠습니다. 늦은 밤까지 언 손을 호호 불며 성탄 트리를 장식하고 구유를 꾸미며 시간 가는 줄 몰랐습니다.

눈이라도 펑펑 내리면 그해 성탄은 참으로 행복한 선물이 되었습니다. 창밖에 눈이 내리고 〈고요한 밤 거룩한 밤〉을 부르며 성탄 미사를 시작할 때면 모두가 천상의 작은 천사가 되어 아기 예수님을 찬미하는 것 같았습니다. 지금도 눈이 하얗게 덮인 작은 성당의 밤 풍경을 담은 사진을 보면 금방이라도 〈고요한 밤 거룩한 밤〉 노래가 들려올 것만 같아 설레곤 합니다.

이렇게 저는 교회 안에서 친구를 만났고, 사랑과 우정을 배웠고, 하느님을 알게 되었습니다. 저에게 교회를 사랑하는 마음이 있다면 그것은 가슴 밑바닥에 그리움처럼 품고 사는, 오스트리아의 작은 마을 '고요한 밤 성당' 같은 추억이 있기 때문입니다. 지금은 비록 도시 한복판에 살고 있지만 그 아름다운 추억의 풍경은 늘 마음속에 걸려있습니다.

하루 종일 일하느라 지치고 힘들 때, 왠지 하는 일이 실망스러워 좌절감이 밀려올 때, 어둠 속에 갇혀 허우적거릴 때 이 풍경을 상상하는 것만으로도 참 많은 위로를 받습니다. 숲 속에 예쁜 성당이 있는 작은 피정집을 짓고 살고 싶다고 입버릇처럼 되뇌는 푸념도 제 안에 담겨있는 이 풍경을 향한 그리움 때문일 것입니다.

제 안에 있는 아기 예수님 강생의 자리는 이렇게 가장 약하고 어두운 자리, 외롭고 그리운 자리, 마음이 공허하고 텅 빈 자리입니다. 때로는 벗어날 수 없는 칠흑 같은 어둠이 몰려오기도 하는 자리지만 하느님께서는 캄캄한 밤을 '고요하고 거룩한 밤'으로 만들어 주십니다.

가끔씩 늦은 밤 명동성당 길을 터덜터덜 오르면서 이곳 언덕이 오솔길이었으면 하고 간절히 바랄 때가 있습니다. 우리의 신앙 선조들이, 시대를 앞서 사신 분들이 물려준 물질로 환산할 수 없는 값진 유산이 깃들어 있는 곳이 바로 이 언덕, 이 마당입니다. 그래서 청계천을 복원하듯 흙을 돋우고 나무를 심고 새들을 불러 모아 이곳 남산 자락 종현 언덕

성 니콜라오 성당 오스트리
아의 오베른도르프에 있는
성당으로 〈고요한 밤 거룩
한 밤〉이라는 성탄 축하곡
이 처음으로 울려 나온 곳
이다. (사진 제공: Gakuro)

의 옛 모습을 되살린다면 얼마나 좋을까 생각하곤 합니다.

하얗게 눈 내린 종현 언덕 숲 사이로 '뾰족당'에서 새어나온 불빛이 언뜻언뜻 비치는 성탄절 명동의 밤 풍경을 상상하면 가슴이 설렙니다. 그래서 자꾸 지치고 메마른 사람들의 가슴속에 고요하고 거룩한 밤의 자리를 마련해 줄 푸른 명동을 꿈꾸게 됩니다. 경제성과 개발 논리가 온통 세상을 지배하는 틈바구니에서 이런 바보 같은 꿈을 가진 사람들이 자꾸자꾸 그리워집니다.

사 제 로

산 다 는

것

사
제
로

산
다
는

것

오래전 한국 극장가에 수입되어 조용히 상영되다가 간판
이 내려진 〈베를린 천사의 시〉라는 영화를 본 적이 있으신
지요? 영화를 본 사람조차도 그 기억이 희미해질 정도로 잊
혀져 가는 영화일지 모르지만 저에게는 다른 어떤 것보다도
더 오래도록 기억 속을 맴돌고 있는 영화입니다. 이야기가
흥미진진한 긴장감을 유발하거나, 음악이나 장면이 멋져서
그런 것이 아닙니다. 사제 생활을 하면서 느끼는 어떤 감정

과 맞닿아 있는 부분이 있기 때문입니다.

베를린 하늘을 지키는 두 천사 다미엘과 카시엘이 영화의 주인공입니다. 주로 베를린 지역에서만 활동하는 두 천사는 하느님의 메신저입니다. 인간이 사는 세상 가까이에서 사람들을 보호하고 도움을 주며 살고 있지만, 인간처럼 사랑과 미움, 슬픔과 행복을 느낄 수는 없습니다. 단지 인간이 느끼는 이런 감정과 번뇌를 지켜볼 수 있을 따름입니다.

천사가 인간과 같은 이런 감정을 가지려면 인간이 되어야만 합니다. 그런데 천사에게 인간이 된다는 것은 천사로서의 죽음을 의미합니다. 인간이 된 후부터는 천사가 갖는 영원성을 잃고 인간 실존이 겪는 유한성과 삶의 멍에를 쓰고 살아야 한다는 말입니다.

다미엘은 이런 점을 아주 잘 알면서도 인간이 되고 싶어 합니다. 인간이 하는 사랑을 해보고 싶었기 때문입니다. 결국 다미엘은 천사로서의 죽음을 선택하고 한 인간으로 깨어나 서커스단을 따라다닙니다. 그곳에서 줄을 타던 마리온이라는 여자와 만나 깊은 사랑에 빠집니다. 영화는 다미엘이 비록 천사로서의 영원성은 잃었지만 한 인간에 대한 사랑으로 그 영원성을 되찾는다는 메시지를 전해주며 끝이 납니다.

이 영화를 보면서 다미엘과는 달리 천사로서의 삶을 지키기 위해 인간이 되지 못하고 천사로 남은 카시엘의 모습에 마음이 머물렀습니다. 사제의 삶을 지탱하기 위해 저 역시 알게 모르게 천사로 남아있기를 스스로에게 강요하며 살고 있다는 생각을 했습니다. 울고 싶을 때 엉엉 울고 신이 날 때 덩실덩실 춤을 추고 사랑에 빠져들어 흠뻑 그 사랑에 취해보는 삶을 꿈꾸면서도, 누군가 가까이 다가오면 자신이 없어 물러나고 정이 들까 애써 나를 외면합니다. 그 무엇을 잡아서도 거기에 잡혀서도 안 되는, 그저 흘러가는 바람과 마주하고 사는 것이 사제의 삶이라고 고집하며 사는 사이, 저는 처음으로 '천사의 고독'이 무엇인지 알게 되었습니다.

참 인간으로 오셨던 예수님은 인간 세상을 부둥켜안고 함께 뒹구셨습니다. 슬플 땐 눈물을 줄줄 흘리시고요한 11,35 기쁠 때는 벅찬 감정을 감추지 않으셨습니다.루카 10,21 하늘을 떠도는 천사로 사시고자 한 것이 아니라 철저하게 인간의 희로애락을 경험하며 사셨습니다. 이런 지극히 인간적인 예수님을 잘 알면서도 그분처럼 그런 영적 자유를 누리며 사제의 삶을 사는 데는 왠지 제 삶에 자신이 없습니다. 그래서 예수님처럼 삶의 현장으로 깊이 뛰어들지 못하고 부자연스러운 까만 사제복의 보호막 속에서 그저 사람들의 번뇌와 감정을 지켜보며 살아가는 베를린 하늘의 천사 카시엘로 살 뿐입니다.

부
르
심
의

작
은

풍
경

신학생 피정 지도를 위해 의정부에 있는 한마음 청소년 수
련원의 피정의 집에 머문 적이 있습니다. 사제직을 준비하
는 신학생들은 자신을 교회에 봉헌한다는 의미를 담고 있는
수단을 입는 착의식과 독서직을 받고 나면, 8일간의 제법 긴
피정을 하게 됩니다. 4학년을 마치고 사제직에 한 발 더 다
가가는 대학원 과정을 시작하기 전, 신학생들은 다시 한 번
자신이 걸어야 할 길을 예수님께 물으며 자신과의 고달픈

씨름을 하게 됩니다.

까만 수단을 입은 신학생들이 자신의 내면과 깊은 만남을 하는 이러한 피정에는 고승이 홀로 사는 깊은 산속의 산사처럼 엄숙한 분위기 속에 묵직한 침묵이 감돕니다. 해마다 피정을 하는 신학생들을 지도한다고 만나지만 오히려 이 시간은 저의 신학생 시절을 돌아보며 저 자신의 성소를 되돌아보고 삶을 추스르는 시간으로 귀결되곤 합니다.

저는 부르심에 대한 독특한 풍경 하나를 간직하고 있습니다. 신학생들에게 사제성소를 받게 된 계기를 물으면, 대개는 '어릴 때 미사 복사를 하면서' 또는 '사춘기 진로를 고민하다가' 등을 말하는데, 저는 초등학교도 들어가기 전 더 어린 유년 시절로 거슬러 올라가 기억의 사진 한 장을 꺼내 듭니다.

어린 시절에 저희 집은 뒷담장 너머로 성당과 이웃하고 있었습니다. 해가 뉘엿뉘엿 지는 어느 저녁 우연히 담장 너머를 바라보았는데, 그곳에 석양빛을 받으며 까만 수단을 입은 신부님이 두툼한 기도서를 들고 뒤뜰을 거닐면서 기도하고 계셨습니다. 어린 저의 눈에 비친 그 모습이 하도 신기해서, 해 질 무렵이면 날마다 담장에 올라 성당 뒤뜰을 서성이며 기도하는 신부님의 모습을 바라보곤 하였습니다. 기억 속에 각인된 이 아름다운 그림 한 장은 언제부턴가 사제가 되고 싶은 그리움이 되어 저의 가슴 한 켠에 남아있었습니다.

신학교 4학년 때 착의식을 하고 그토록 그리던 수단을 처음으로 입었습니다. 그날 어린 시절 기억 속 풍경의 주인공이 되어 시편을 읽으며 신학교 낙산의 오솔길을 거닐었습니다. 온몸을 감싸고 있는 까만 수단의 의미가 무엇인지, 감내해야 할 미래가 무엇인지는 상관이 없었습니다. 그날 낙산에서 해 지는 풍경을 바라보면서 눈물을 글썽이며 저는 마냥 행복했습니다.

마음속에 그려진 풍경만을 좇아서 만나게 된 행복이란 것은 실체가 없는 신기루 같아서 이내 사라지게 마련입니다. 그해 겨울, 까만 수단의 진정한 의미가 세상에서의 자신의 죽음이라는 것을 지금 신학생들처럼 8일간의 피정에서 혹독하게 체험해야 했습니다.

사제직에 다가설수록 두려움도 커졌습니다. 한평생을 독신으로 살아내야 한다는 것에 대한 막연한 두려움과 답답함, 이것만은 놓칠 수 없다고 악을 쓰며 마음 밑바닥에 뱀처럼 또아리를 틀고 있는 온갖 집착…. 더 나아가자니 낯선 터널 속으로 들어가듯 아무것도 자신할 수 없는 캄캄하고 답답한 길이고, 물러서자니 지금껏 꿈꾸며 추구해 왔던 사제의 길을 영영 접어야 하는 더 큰 두려움이 배수진을 치고 버티고 있었습니다. 삼사일 동안 식사마저 제대로 할 수 없는 몸살을 앓으며 저는 진퇴양난의 싸움을 하고 있었습니다.

"젊은이가 무엇으로 제 길을 깨끗이 보존하겠습니까? 당신의 말씀을 지키는 것입니다."시편 119,9

피정 내내 어둠 속을 헤매다가 한 줄기 희망의 빛처럼 다가온 말씀입니다. '말씀을 붙잡고 살면 말씀의 힘이 나를 사제로 살게 하겠구나!' 이런 생각이 불현듯 전율처럼 느껴졌습니다. 갇힌 물이 작은 구멍이라도 뚫리면 이내 둑을 뚫고 봇물처럼 터져 나오듯, 그 한 구절의 말씀이 남은 피정 시간을 온통 은총의 순간으로 바꾸어 놓았습니다.

십수 년이 지난 지금, 이제는 어쭙잖은 피정 지도자가 되어 그때와 똑같은 피정에 임하는 신학생들과 동행하고 있습니다. 늦은 밤에도 성당에 앉아 기도하는 신학생들의 모습이 보입니다. 성당 뒤편에 앉아 안간힘을 쓰고 있는 신학생들의 뒷모습을 바라봅니다. 그중에는 어쩌면 내가 그 옛날 신학생 시절 겪었던, 진퇴양난의 싸움을 하고 있는 사람도 있을지 모릅니다.

사제가 무엇인지도 모르면서 왜 그토록 그 길을 가려고 하는지, 숱한 사람들의 시선을 홀로 감당하며 살아야 하는 그 무게를 알고는 있는지, 외로움을 외로움으로밖에 이겨나갈 수 없는 사제의 삶을 이해하고 있는지, 사제는 계급이 다른 삶을 사는 것이 아니라 삶의 깊이를 달리 사는 사람이고 그래서 평생을 그날이 그날 같은 삶을 살면서도 삶의 깊이를 더해가지 않으면 다시 유빙처럼 떠내려오고 마는 시시포스의 신화 같은 삶을 사는 사람인 것을 아는지…. 신학생들을 바라보며 푸념을 늘어놓듯 나 자신도 대답하지 못할 질문들을 던져봅니다.

돌아보면 지금껏 살아온 사제 생활은 담장 위를 뒤뚱이며 걸어가듯 성聖과 속俗, 이상과 현실, 하느님과 세상의 경계선을 서성이는 것이었습니다. 참되고 덕스러운 거룩한 사제의 삶을 살기에는 영적인 힘이 너무나 약하고, 세상 편으로 내려서서 살기에는 이내 담장 너머 거룩한 풍경을 그리워하게 됩니다. 어쩌면 그 어린 시절 담장의 경계선에서 해 질 녘 성당 뒤뜰의 풍경을 바라보는 심정으로 지금껏 살아왔는지도 모릅니다.

부르심과 응답이란 한순간에 하느님과 주고받은 일회적인 사건이 아닙니다. 접사 촬영을 하면서 카메라의 초점을 맞추듯 부르심에 맞게 자신의 삶의 밀도를 더해가는 것입니다. 신학생들과 함께한 피정 동안 내 마음속에 담겨있는 부르심의 기억은 다시 어린 시절 담장 너머의 아름다운 풍경을 그리게 합니다. 그 풍경은 내 삶 속에서 좀 더 선명해지기를 기다리고 있습니다.

사제직에 한 발 더 가까이 가는 신학생들에게, 아니 신앙의 삶을 사는 모든 사람에게 저마다 마음속에 담긴 부르심의 이야기가 삶 속에서 선명하게 피어나기를 바랍니다.

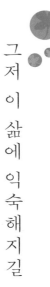

그저 이 삶에 익숙해지길

6월의 마지막 주간, 많은 비가 내리는 날이었지만 황금 같은 휴가를 놓칠 수 없어 설악산으로 향했습니다. 폭우 때문인지 아직 본격적인 휴가철이 아니어서인지 모르지만 제가 도착한 한계령 휴게소는 적막감이 흐를 정도로 한적했습니다.

휴게소 처마 밑에서 비닐 우의를 뒤집어쓰고 쭈그리고 앉아 쏟아지는 빗줄기를 바라보며, 산을 오를 것인가 말 것인가 한참 망설였습니다. 비 내리는 바다 풍경을 한없이 바라볼 수 있는 동해의 한 카페에서 호젓하게 차나 마시자는 충동이 저의 산행을 자꾸만 늦추었습니다.

마침내 한계령 휴게소 뒷길을 따라 대청봉으로 향하는 길로 접어들었습니다. 비가 내려 미끄럽고 질척한 산길이 힘이 들어서일지 모르지만 '나는 왜 산을 오르는가?'라는 물음이 끝없이 머릿속을 맴돌았습니다.

체격 조건도, 강한 의지도, 부지런함도 갖추지 못했고 꼭 산을 올라야 할 이유도 특별히 없는데, 시간만 나면 산을 올랐습니다. 그리고 산행이 힘들 때마다 '나는 왜 산을 오르는가?' 하는 질문을 나 자신에게 던지곤 했습니다.

정상에 오르니 빗줄기가 더 세차게 온 산을 두들기고 있었습니다. 그날 오른 대청봉은 평소와는 달리 그렇게 초라할 수 없었습니다. 늘 북적대던 등산객도, 좋아라 울리던 환호성도 간데없고 '대청봉'이라는 둔탁한 글씨가 쓰인 바윗돌이 초라한 모습으로 홀로 비바람을 맞고 있었습니다.

어쩌면 그것이 '정상'이라는 곳의 본모습일지도 모른다는 생각이 들었습니다. 사람들이 인생의 목표처럼 오르고 싶어 하는 가장 높은 곳, 그러나 그 자리는 찬 바람만 휑하니 부는 쓸쓸한 자리임을 보여주는 것 같았습니다. 사람들의 기대와 관심이 집중되는 삶을 살수록 홀로 견뎌야 할 외로움이 큰 초라한 삶이기 마련입니다. 저는 한참 동안 대청봉의 바윗돌을 바라보다가 한기일지, 외로움일지 모를 감정에 휩싸였습니다. 홀로 산을 오른 자가 느끼는 감정과는 다른, 사제로서 살아내야 할 어떤 무게감에서 오는 느낌이었을지도 모릅니다. 결국 '나는 무엇을 위해서 산을 올랐는가?' 하는 물음을 다시 던질 수밖에 없었습니다. 그것은 '나는 무엇을 위해 사제의 삶을 사는가?'라는 물음이기도 했습니다.

사실 왜 사제의 길을 가고 있는지, 이 길을 제대로 가고 있는지에 아직 시원하게 대답하지 못합니다. 사제의 삶을 살기 위한 하나의 수련처럼 받아들인 것이 등산이었고, 어느덧 산이 좋아지고 익숙해졌습니다. 어린 시절 막연한 동경과 꿈 때문에 사제가 되었고 산이 좋아진 것처럼, 이 삶에 익숙해지길 기다리고 있을 뿐입니다.

언젠가 사제의 삶의 참 기쁨과 의미를 깊이 깨닫는 날, '나는 왜 이렇게 온몸으로 비를 맞으며 힘들고 지치는 산행을 계속하고 있는가?'에 대한 답도 찾을 수 있을 것 같습니다. 아니 반대로, 힘들고 고통스럽더라도 포기하지 않고 산을 오르다 보면 왜 사제의 삶을 사는가를 알 수 있을 것 같습니다.

나르치스와 골드문트

"이 사람과 단 하루만 살아도 좋다. 내가 어릴 때부터 꿈꾸어 왔던 사제의 꿈은 접었지만 나는 이 여자의 남편으로서 사는 것을 내 삶의 제2의 사제직으로 삼고 싶다!"

이 말은 사제 서품을 막 눈앞에 둔 저에게 오랜 친구가 혼인성사 주례를 부탁하며 던진 말입니다. 그 친구는 수도 생활을 하기 어려울 정도의 중한 암으로 투병 중이던 수녀님을 만나, 그와 함께하며 그를 돌봐주겠다고 주위의 만류를 무릅쓰고 결혼을 선언했습니다.

그 친구와 저는 어린 시절 미사 복사를 하며 사제가 되자고 약속했던 사이입니다. 사춘기가 되어 둘 다 똑같이 방황하며 어린 시절의 꿈을 접었다가 훨씬 나이가 든 뒤에야 저만 사제의 길을 걷게 되었습니다.

그 친구는 저의 사제 서품을 기다렸다가 제2의 사제 서품을 받듯 미래의 운명을 예측할 수 없는 여인과 혼인하였습니다. 그때 미사를 집전하면서 저는 눈물을 글썽이는 두 사람을 향해 사춘기 때 읽었던 헤르만 헤세의 소설 「지와 사랑」 이야기로 강론을 시작하였습니다.

이 소설은 고고하고 이성적인 사색가인 나르치스와 예민한 감각과 감수성의 소유자인 골드문트라는 상반된 두 주인공의 삶을 통해 인간이 가진 본능적인 갈등과 고뇌를 다루고 있습니다. 서로 다른 정신세계를 가진 두 주인공은 수도원에서 만나 같은 길을 가는 듯했지만, 골드문트는 아름다운 집시여인을 만나 수도원을 떠나면서 다른 길을 걷게 됩니다.

부단하게 수도 생활을 해가는 나르치스와는 달리 골드문트는 속세에서 숱한 대가를 치러야 했습니다. 관능적 사랑과 그 뒤에 따르는 인생의 무상함, 배신과 고독, 굶주림과 추위, 죽음의 위협과 공포 등 인생의 온갖 희로애락을 맛보며 삶의 본모습을 깨달아 갑니다. 그러다 어느 성당에 있는 아름다운 성모상을 통해 만물을 품고 있는 인류의 어머니 이브에 대한 상像을 만나고, 마침내 조각가가 되어 자신의 어머니의 형상을 그린 사랑의 성모상을 조각합니다.

나르치스가 세속에서 삶과 씨름을 하다가 마침내 예술가로 승화한 골드문트를 통해서 위대한 한 인간상을 보았다면, 골드문트는 그의 친구이자 스승인 나르치스와의 영적 교감을 통해서 삶의 참된 가치에 대한 갈망과 영적 위로를 느끼며 살았습니다.

이 소설은 내면에서 일어나는 온갖 세속적 욕망과 유혹을 견뎌내며 냉철한 수도자로 살아온 나르치스의 길도, 인생의 희로애락을 철저하게 맛보며 살아온 골드문트의 길도 결국 인생의 참모습을 추구하기 위한 여정임을 이야기하고 있습니다. 그날 강론에서 저는 우리 서로 삶의 길은 달라도 분명 하나의 길을 가고 있다고 말해주었습니다.

세월이 흘렀습니다. 얼마 전 참 오랜만에 그 친구를 만났습니다. 똘망똘망한 두 아들과 건강을 되찾은 아내와 서울

근교에서 행복하게 살고 있었습니다. 각자 삶의 여정 중 중간 점검이라도 하듯 만나서 살아온 이야기를 나누었습니다. 서로 다른 삶을 살지만 매일 같은 일을 하고 지내는 사람들처럼 우리 대화에는 아무런 허물도 거리낌도 없었습니다.

넉넉하지는 않지만 아내와 아이들과 함께 단란하게 살아가는 모습이 참 아름다웠습니다. 하느님은 이렇게 그가 어릴 적 꿈꾸었던 사제직을 또 다른 삶의 방식을 통하여 살도록 이끌어 주고 계셨습니다. 그 친구를 만나고 돌아오면서 혼자서 이런 바보 같은 질문을 해보았습니다.

'그 친구의 삶과 나의 삶을 비교하면 누가 더 행복할까?'

사제가 되니 수많은 가정의 속사정을 듣게 됩니다. 그럴 때마다 피할 수도 도망갈 수도 없는 가정이란 굴레에 갇혀 현실을 받아들이며 살아가는 숱한 사람들을 봅니다. 그래서 가정을 꾸리고 살아간다는 것은 홀로 사제의 삶을 사는 것보다 훨씬 어려운 일이라는 생각을 하곤 합니다.

단란해 보이는 가정이라도 들여다보면 그 안에는 숱한 아픔과 상처가 있습니다. 경제적 문제, 자녀 문제, 가족 문제, 부부 문제 등을 겪으며 가정 안에 실타래처럼 얽혀있는 관계 안에서 고통을 안고 살아가고 있습니다. 가정은 거대한 세상의 바다 위에 떠있는 조각배와 같아서 파도가 일면 흔들리게 마련입니다. 단란해 보이는 친구의 가정도 이런 파도를 헤치며 오늘에 이르렀을 것입니다.

그렇다고 가정에 어려움과 문제만 있는 것은 아닙니다. 가정을 지키고 살아야 하는 고통보다 더 큰 은총의 선물도 있습니다. 자신의 인생을 다 바쳐도 아깝지 않을 자녀들이 있고 사랑하는 배우자가 있습니다. 살아가면서 온전히 자신을 바치고 사랑할 수 있는 사람이 단 한 사람이라도 있다면 그것이 바로 인생에서 가장 큰 선물이고 구원입니다.

사제로 살아가는 것이 허공에 손을 휘저으며 사는 것 같을 때가 있습니다. 그런 때는 돌아오는 메아리도 없는 허허로운 벌판에서 소리를 질러대며 사는 것 같습니다. 어디에도 마음 둘 곳 없고, 진정으로 사랑할 대상도, 붙잡고 있을 삶의 알맹이도 없어 보입니다. 그저 스쳐 지나가는 사람들에게 미소 한 번 보내주며 바람처럼 살면 됩니다.

그런데 사람들이 부러워하는 이 자유가 사제에게는 고통이고 아픔입니다. 사제에게는 오로지 볼 수도 없고 만질 수도 없는 하느님을 향한 끊임없는 씨름만이 삶의 가장 큰 주제이기 때문입니다.

얼마 전 사제가 되고 싶어 갈등하던 한 청년의 혼인성사 주
례를 했습니다. 그 미사에는 어릴 때부터 절친하던 신랑의 친
구가 막 사제가 되어 저와 함께 혼인미사를 집전했습니다. 또
한 편의 나르치스와 골드문트의 이야기를 보는 듯했습니다.

한 사람은 이제 가정이라는 배를 타고 세파를 헤치며 노
를 저어야 하고, 또 한 사람은 보이지 않는 하느님과 씨름하
며 자신의 삶을 지탱하고 살아야 합니다. 한편에서는 운명
처럼 주어진 가족을 부둥켜안고 살아야 한다면, 또 다른 한
편에서는 허허로운 벌판에 부는 바람처럼 살아야 합니다.
산다는 것은 어느 것 하나 쉬워 보이는 것이 없습니다.

결국 어떤 삶이 더 행복한가라는 질문은 '무엇을 하며 사
느냐?'가 아니라 '어떻게 살고 있느냐?'에 대한 것입니다.
삶의 끝자락에서 하느님께서는 '네가 선택한 삶이 옳았느
냐?'가 아니라 '네가 선택한 삶을 어떻게 살았느냐?'고 물으
실 것입니다. 그리고 '제가 선택한 삶을 통하여 주님, 당신을
깊이 만났습니다!'라고 대답하는 사람이 진정 행복한 사람
입니다. 우리 삶의 모습은 복잡한 것 같지만 결국은 하나의
목적을 향해있기 때문입니다.

우
리
에
게

정
말

원
하
시
는

것

얼마 전 비 내리는 날 짧은 여행을 했습니다. 어느 화가 부부
가 양평의 작은 마을에 터를 잡고 살면서 운영하는 갤러리
였습니다. 여행의 목적지라 하기에는 너무나 소박한 곳이었
습니다. 하지만 평화로운 옥천면의 농가가 훤히 내다보이는
야산 중턱에 자리 잡은 갤러리는 야생화를 그리는 화가의
집답게 온통 들꽃으로 둘러싸여 있었습니다.

　한 번도 이름을 묻지 않고 지나쳤던 풀꽃들이 야생화를

사랑하는 화가의 집 뜰에서는 저마다 제 이름을 가지고 자신의 존재를 한껏 뽐내고 있었습니다. 작은 풀꽃 하나에도 이름을 붙여주고 꽃말을 엮어 넣으면 이렇게 소중한 친구가 되는구나 싶었습니다.

처음 느껴본 것입니다만, 야생화는 줄기와 무성한 잎사귀에 비해 꽃봉오리가 자그마한 것이 공통점인 것 같습니다. 그래서 야생화를 관찰할 때는 사랑하는 연인처럼 얼굴을 가까이 대고 바라보아야 제대로 볼 수 있습니다. 비록 작고 이름도 낯선 풀꽃이지만 자세히 들여다보면 당당함과 고고한 자태가 여느 꽃 못지않음을 보게 됩니다. 비 내리는 날, 아주 작은 빗방울에도 시달리며 연신 고갯짓하는 풀꽃들이 가난하지만 당당하게 사는 이 땅의 민초들 같았습니다.

발아래 보이는 야생화 못지않게 비 내리는 시골 풍경을 바라보는 것도 즐겁습니다. 유난히 산이 많고 숲이 우거진 우리나라에는 옹기종기 모여있는 마을의 집들이 산과 강과 어우러져 한 폭의 평화로운 그림을 만들어 내는 곳이 많습니다. 곳곳에 골프장이 들어서고 고속도로가 뚫려 산천이 온통 엉망이 되어가고 있는 요즘 서울 근교에서 평화로운 시골 풍경을 느껴볼 수 있다는 것이 얼마나 다행인지 모롭니다.

　산 중턱에 자리 잡은 갤러리의 창가에 서서 마을을 내려다보며 비의 종류를 헤아려 보았습니다. 소낙비, 장대비, 가랑비, 보슬비, 안개비, 여우비…. 낡은 영화 필름이 만들어 내는 화면에서처럼 하늘에 흰 선을 그으며 죽죽 쏟아지는 장대비를 기다렸지만 아쉽게도 그날은 내리던 가랑비마저도 그치고 말았습니다.

　유난히 비를 좋아하는 저는 일상이 바쁠수록 이런 비 오는 날의 풍경이 더욱 그리워집니다. 외딴 민박집 마루에 앉아 하염없이 쏟아지는 비를 바라보는 것도, 허름한 시골집 문턱에 앉아 따뜻한 차 한 잔 받쳐 들고 빗소리를 들으며 재미있게 읽었던 책 한 권을 다시 꺼내 들고 읽는 것도 모두 행복할 것 같습니다. 차창에 떨어지는 빗물을 쓰레질하며 차를 몰고 어디론가 목적 없이 달리고도 싶고, 숲이 보이는 조용한 찻집 창가에서 좋은 사람들과 못다 한 이야기를 두런두런 나누고 싶어지기도 합니다.

　비 내리는 풍경을 보고 있으면 괜스레 이름도 얼굴도 알 수 없는 누군가가 그리워집니다. 그리고 내 영혼에 찌든 때를 모두 씻어내듯 쏟아지는 빗속에서 흠뻑 젖고 싶어집니다.

비 오는 날이면 유독 이런저런 상념이 많아지는 것은 살면서 아직 못다 한 그 무엇이 가슴 한 켠에 남아있기 때문일지도 모릅니다. 누구나 예외 없이 목마름처럼 갈망을 안고 삽니다. 어떤 사람은 끊임없이 지식에 목마른가 하면, 돈에 재산에 명예에 쾌락에 늘 갈증을 느끼며 사는 사람도 있습니다. 그런데 진정 우리가 갈망하는 것은 하느님이 정말 우리에게 원하시는 바로 그것임을 아는 사람은 많지 않은 것 같습니다.

숙제처럼 우리 가슴 한 켠에 안고 사는 그 갈망의 뿌리는 하느님께서 인간을 창조하면서 새겨준 삶을 살도록 인도하시는 데서 오는 것입니다. 그렇다고 운명론처럼 우리 삶의 방향이 그 어디로 정해져 있다는 말이 아닙니다. 끊임없이 내 삶을 개척해 나가되, 그 삶 안에서 나를 향한 하느님의 간절한 원의願意를 살아내는 것을 말합니다. 우리 삶이 늘 불안하고 외롭게 느껴지는 것은 재물이나 친구가 없어서가 아니라 그분의 원의를 내 삶에서 채워드리지 못하고 있기 때문입니다.

비 오는 날, 빗물처럼 마음 밑바닥까지 스며든 저의 성찰은 사제로서의 갈망의 정체를 깨닫게 합니다. 내 삶의 기쁨과 평화는 결국 사제직의 본질을 살아낼 때에야 만날 수 있다는 무거운 화두 하나를 건네받습니다. 아울러 내 힘으로는 온전히 감당해 내기 어려운 한계 앞에서 결국은 "하느님!" 하고 자비를 빌며 살아갈 수밖에 없는 연약한 존재라는 사실도 다시 한 번 확인합니다.

"비와 눈은 하늘에서 내려와 그리로 돌아가지 않고 오히려 땅을 적시어 기름지게 하고 싹이 돋아나게 하여 씨 뿌리는 사람에게 씨앗을 주고 먹는 이에게 양식을 준다."^{이사} 55,10고 했지요. 공중에서 쏟아지는 비가 땅에서 열매를 맺는 것은 하느님의 뜻을 헤아리며 그 삶을 살아내는 사람들이 하나둘 많아질 때입니다.

우리 조상들은 6월 말에서 7월에 걸치는 장마를 두고 오랫동안 비가 온다고 하여 '오란비'라고 불렀습니다. 비 오는 날의 짧은 여행은, 장마가 긴 피정처럼 우리들 인생에 씨앗을 틔우고 열매를 맺을 '은총의 오란비'가 되었으면 하는 바람 하나 건네주었습니다.

저
마
다
의

지
리
산

신록이 짙푸르게 익어가는 6월이면 늘 그리워지는 산이 있
습니다. 땅의 거인이 봄의 나른한 기운에서 깨어나 기지개
를 켜듯, 초여름이면 더욱더 웅장하게 그 힘과 위용을 드러
내는 산입니다. 일찍이 남명 조식 선생이 "하늘이 울어도 아
니 우는 뫼"라고 그 장엄함을 찬탄했듯, 해발 1915미터 천
왕봉을 위시하여 100여 개 이상의 준봉들이 구름 위로 솟아
올라 하늘을 받치고 있는 산입니다.

굳이 여름이 아니더라도 지리산 산정에 오르면 그 장엄함과 비경에 경이감을 감추지 못합니다. 계절의 변화뿐만 아니라 수시로 바뀌는 날씨 덕분에 지리산은 거대한 생명체가 꿈틀대듯 하루에도 몇 번씩 멋진 광경을 연출하곤 합니다.

다도해의 운무가 몰려들어 산봉우리들이 둥실 구름바다 위로 떠오르면 천상의 산이 됩니다. 그러다가 이내 한치 앞을 볼 수 없는 산안개에 휩싸여 산은 하늘로 녹아들듯 흔적도 없이 사라집니다. 후두둑 내리는 비가 산정을 적시다가도 어느덧 구름 한 점 없는 푸른 하늘이 되고, 그러면 지리산은 장엄한 그 자태를 온 땅에 드러냅니다.

특히 산정에서 바라본 해 질 녘의 지리산은 무척이나 아름답습니다. 한낮에 작열하던 태양이 온 산을 넘어 마지막 진홍빛을 뿜으며 사라질 때면 삼라만상이 신비경에 빠져드는 듯 깊은 침묵과 평화에 젖어듭니다. 더욱이 어스름이 내리고 어둠에 깃든 풍경이 하나둘 담묵색으로 물들어 가면, 지리산은 시간과 공간을 넘어 깊고 거대한 하나의 전설이 됩니다. 아름다운 옛 이야기를 품고 있는 듯 별빛에 둘러싸인 지리산의 밤 풍경은 생각만 해도 가슴 설렙니다.

지리산에 대한 기억은 이런 경이로운 풍경에만 머물러

저마다의 지리산 사람들은
저마다 지리산만큼이나 장
엄하고 아름다운 삶의 길을
걷고 있다는 것, 이것이 내
가 지금껏 가슴속에 품고
있는 지리산의 추억이다.
(사진: 김인순)

있지 않습니다. 저에게 지리산의 추억은 어릴 적 사제 성소의 꿈을 다시 일으켜 주신 어느 신부님과의 만남에서 비롯합니다. 저는 당시 신학교 입학을 준비하면서 저를 추천해 주신 그 신부님의 사제관에서 공부할 기회를 가질 수 있었습니다.

그런데 어릴 적부터 품어온 사제의 삶에 대한 막연한 동경은 사제관에서 신부님과 생활을 함께하면서 여지없이 무너져 갔습니다. '만인의 아버지'라는 신부의 화려한 수식어 뒤에는 연극이 끝나고 관객이 썰물처럼 빠져나간 뒤의 텅 빈 무대처럼 빈 성당에 홀로 남겨지는 사제의 삶이 있었습니다. 그것은 번잡한 사회생활에 익숙해진 저에게는 도저히 감내할 수 없는 고독한 세계로 보였습니다. 숱한 사람들의 시선을 마주하는 것도, 자신이 하느님의 사제로 산다는 것도 죄스럽고 약한 제게는 어울리지 않는 길이었습니다. 그때부터 저는 슬금슬금 그 자리를 빠져나갈 구실을 찾고 있었습니다.

지리산을 처음 오른 것은 바로 이렇게 저의 성소가 흔들릴 때였습니다. 신부님을 따라나선 길은 천왕봉에서 노고단에 이르는 100리길 힘겨운 종주 산행길이었습니다. 산의 아름다운 풍경을 느껴볼 겨를도 없이 힘겨운 산행을 계속하면서 저는 저 자신의 삶에 대해 묻기를 계속하였습니다.

지리산의 종주길은 마치 지구본처럼 한 인생을 축약해 놓은 것 같다는 생각이 들었습니다. 길을 걷다 돌아보면 굽이 굽이 걸어온 길이 아스라이 보입니다. 험한 산을 참 많이도 넘어왔구나 싶어 다시 앞을 보면, 넘어야 할 봉우리들이 까마득히 나를 기다리고 있습니다. 목적한 산행을 완수하기 위해서는 오직 앞으로 가는 외길만이 있을 뿐입니다.

열병처럼 앓아왔던 어릴 적 꿈이 이런 길을 가는 것이라면 그것은 내가 가야만 할 길이었습니다. '그래, 가는 거다!' 지리산의 기운 같은 힘찬 내면의 외침을 터뜨린 것이 지리산의 동서를 가로지른 바로 이 종주 산행길이었습니다.

이 첫 인연은 이후 수없이 지리산 종주길을 찾게 했습니다. 지금은 무릎관절이 약해져서 추억 속의 산이 되어버렸지만, 지리산은 저에게 숱한 용기와 삶의 이야기를 전해주었습니다.

사람은 누구나 예외 없이 오르막과 내리막을 거듭하며 운명처럼 자기의 인생길을 걷고 있습니다. 터덜터덜 걸어가는 평지가 있는가 하면, 거친 숨을 몰아쉬며 올라야 할 언덕이 있습니다. 벼랑 위를 걸어야 할 때가 있는가 하면, 산정에 올라 눈물겹게 아름다운 풍경을 바라보며 쉼의 시간을 가질 때도 있습니다.

우리네 삶도 이렇게 생각하면 참 편해집니다. 기쁘면 기쁜 대로 슬프면 슬픈 대로, 산행을 하듯 '이것이 사는 것이라면 그래, 사는 거다!'라고 마음속으로 외치면 삶에서 오는 어려움이 한결 가벼워집니다.

지리산 종주길을 걸어보면, 등산의 목적이 어떤 특정한 산봉우리를 오르는 데 있지 않음을 깨닫게 됩니다. 산길을 오르내리는 한 걸음 한 걸음이 어느 순간 산행의 목적이자 의미가 됩니다. 우리 인생에서도 소위 세상에서 출세했다는 자리에 오르는 것이 목적이 아니라, 나에게 주어진 삶의 길을 한 발 한 발 성실하게 살아내는 순간순간이 삶의 참된 의미이고 목적입니다.

산꼭대기에 올랐다고 성공한 자가 아니고 계곡길을 걷는다고 실패자가 아닙니다. 오르막이 있으면 내리막이 있듯, 때론 엎어지고 넘어지면서도 나에게 주어진 길을 꿋꿋이 가는 이가 참으로 성공한 자입니다.

어쩌면 지리산의 참된 아름다움은 이렇게 멋진 우리 삶의 이야기를 품고 있기 때문인지도 모릅니다. 아니, 반대로 우리의 멋진 삶의 이야기가 지리산의 신비롭고 경이로운 아름다움으로 피어났는지도 모릅니다. 적어도 사람들은 저마다 지리산만큼이나 장엄하고 아름다운 삶의 길을 걷고 있다는 것, 이것이 제가 지금껏 가슴속에 품고 있는 지리산의 추억입니다.

그
때
에
는 온
전
히

알
게
될
것
이
다

긴 여행을 떠난 적이 있습니다. 내 삶에 펼쳐진 모든 것이 캄
캄하게 느껴지던 젊은 시절, 혼자 긴 여행을 떠났습니다. 여
행을 끝내면 어떤 분명한 해답을 얻을 것만 같았습니다. 낡
은 배낭에 쌀 한 봉지, 김치 한 통을 넣고 1월 1일 새해 첫날
이른 새벽 집을 나섰습니다. 이충우 씨가 쓴 순교 성인들의
신앙 답사기인 「한국의 성지」를 손에 쥐고서 그렇게 한 달간
의 긴 여정을 시작했습니다.

새해 첫날 한국 천주교 발상지라고 일컫는 천진암을 출발하여 경기도와 충청남도, 전라도를 거쳐 경상도 내륙지방과 충청북도를 돌아오는 순례의 여정이었습니다. 여행 경비가 넉넉지 않은 학생 시절이라 차 시간이 맞으면 완행버스를 타고, 그렇지 않으면 터덜터덜 걸었습니다. 몸이 지치면 지나가는 트럭이나 경운기를 얻어 타고, 밤이 늦으면 마음씨 착한 농부의 집 한 켠에서 잠을 잤습니다.

길을 걸을 때는 묵주기도를 바쳤습니다. 순교 성지의 묘역 앞에서는 간절하게 내 삶의 미래에 대하여 분명하게 뭔가를 알려주시도록 기도했습니다. 딱히 무엇이 되게 해달라는 것이 아니라 하느님이 나에게 무엇을 원하시는지 알고 싶다고 간절히 아뢰었습니다. 진리를 찾아 만행萬行을 하는 수도승처럼 겨울의 한복판을 가로지르는 1월 한 달을 그렇게 산과 들을 헤매면서 보냈습니다.

여행은 끝났지만 유감스럽게도 제 안에서는 아무런 응답도, 영감도 떠오르지 않았습니다. 우리나라 곳곳에 있는 순교 성지를 빼놓지 않고 순례하면 작은 기적이라도 체험하지 않을까 바랐지만, 아무 일도 일어나지 않았습니다. 한겨울 한 달간의 긴 여행은 피곤에 지친 몸과 실망스런 마음만을 안겨주었습니다. 며칠 동안 몸살을 앓고 난 후 그 여행은 서서히 제 기억 속에서 사라져 갔습니다.

언제부턴가 시간이 나면 늦은 밤이라도 터덜터덜 혼자 걷는 습관이 생겼습니다. 사람마다 혼자만의 시간을 보내는 방법이 있듯이, 제게는 나름대로 외로움을 극복하는 방법이었습니다. 산책길을 걸으며 내면에 담겨있는 나의 이야기와 대화를 나누는 겁니다. 먼 과거의 기억으로부터 미래에 이르기까지 생각이 흘러가는 대로 대화하다 보면 어느덧 산책로를 다 걷게 됩니다. 거의 30년이 지난 일이지만 한겨울 순교 성지를 찾아다녔던 긴 여행의 추억도 산책길을 걸으면서 기억해 낸 내면의 이야기입니다.

그런데 세월이 숱하게 흐른 지금은, 참으로 무의미하게만 여겨지던 젊은 시절의 그 겨울 여행이 저에게 소중한 응답을 해주었음을 깨닫게 됩니다. 안개 속을 헤매듯 무엇을 해야 할지, 어떻게 살아야 할지 아무것도 예측할 수 없었던 젊은 시절, 하느님께서는 내 삶 속에 들어와 구체적으로 저를 이끌어 주셨던 겁니다.

길을 잃으면 뜻하지 않은 사람을 만나 길을 안내받고, 추위와 허기에 지쳐있을 때면 따뜻한 잠자리와 음식을 제공해

전주 치명자산 「한국의 성지」를 손에 쥐고 한 달간 떠났던 순례 여행 중에 지났던 치명자산이다. 30년이 지난 후에야 이 여행을 통해 주신 소중한 하느님의 응답을 발견했다. (사진: 전원)

주는 사람을 만났습니다. 생각해 보니 제가 지금껏 살아오면서 누렸던 삶의 체험과 너무나 흡사한 경험이었습니다.

제가 어둠 속을 헤맬 때 누군가가 다가와 벗이 되어주었고, 무엇을 해야 할지 모를 때 누군가 저의 길을 안내해 주었습니다. 뜻하지 않은 계기를 통하여 사제로 서품받도록 인도되었고, 지금까지 이렇게 축복 속에 살아갈 수 있는 것은 하느님께서 제 인생에 수많은 분들을 선물로 보내주셨기 때문입니다. 젊은 시절 방황하듯 전국을 헤매며 찾았던 내 삶의 그 무엇을, 침묵의 하느님은 묵묵히 제 삶 속에서 하나하나 응답해 주고 계셨습니다.

오래전에 읽은 고은의 장편소설 「화엄경」의 이야기가 기억에 새롭습니다. 진리의 세계를 찾아 주인공 어린 선재가 길을 떠납니다. 나그넷길에서 그가 만난 숱한 사람들이 모두 진리의 스승이었습니다. 바라문도, 장사꾼도, 창녀도, 소녀도, 하늘과 땅속의 신들도 모두 진리의 단편들이었습니다.

우리 삶 속에서 만난 것은 그 어떤 것도 무의미하거나 무가치하지 않습니다. 도대체 이해할 수 없는 만남이나 사건이라도 언젠가 내 삶의 소중한 스승이 되어있음을 알게 됩니다. 하느님은 기억하고 싶지 않은 상처, 죄스러운 기억, 그 어떤 것도 그냥 버리지 않고 은총의 순간으로 바꾸어 놓으십니다.

진리를 찾아 헤맨 어린 동자 선재, 그 자신이 화엄華嚴의 세계였듯이, 우리 인생이 만난 시간의 조각들은 하느님 안에서 아름다운 꽃이 되고 열매가 됩니다. 우리를 내신 분이 하느님이시기에 우리 인생의 이야기는 곧 아름다운 하느님 당신의 이야기입니다.

언젠가 하느님 앞에 서게 되는 날, 도저히 이해할 수 없었던 내 삶의 이야기를 하느님에게서 듣게 될 것입니다. "내가 지금은 부분적으로 알지만 그때에는 하느님께서 나를 온전히 아시듯 나도 온전히 알게 될 것입니다."1코린 13,12

새해를 맞을 때마다 긴 겨울 여행을 떠나고 싶어집니다. 낡은 배낭을 찾아내어 쌀 한 봉지와 김치 한 통 집어넣고서 그 옛날 그 길을 다시 걷고 싶습니다. 그러나 내가 무엇을 해야 할지, 어떻게 살아야 할지를 다시 묻지 않겠습니다. 그저 어디에도 미련을 두지 않는 가난한 순례자의 삶을 사는 그런 사제가 되길 청하겠습니다.

히 말 라 야 가
저 기
있 다

제
주
도
바
람
이
야
기

제주 공항에 도착하자 쉴 새 없이 불어대는 바람이 육지에
서 날아온 이방인을 맞이합니다. 들판 한가운데 자리 잡은
시골 공소에서 온밤을 덜컹이며 불어대는 바람 소리를 들으
며 잠을 청해야 했습니다.

　강의 때문에 제주도에 올 기회가 자주 있었지만, 목적한
일만 끝나면 부랴부랴 서울로 돌아가느라 제주도에 비가 오
든 바람이 불든 별로 관심을 두지 않았습니다. 제주도의 삶

을 한번 느껴보고 싶어 그동안 벼르다가 작정하고 내려온 탓인지, 새삼 저에게 첫 느낌으로 다가온 제주섬의 주인은 쉴 새 없이 불어대는 '바람'이었습니다.

눈비와는 달리 눈에 보이지도 않고 형상도 갖추지 못한 바람은 풀잎과 나무를 흔들어 자기의 존재를 알립니다. 바람은 시시로 방향을 바꾸고 그 세기를 달리하여 자신의 이름을 얻었습니다. 샛바람, 하늬바람, 마파람, 높바람, 돌개바람, 산들바람….

옛사람들은 농사일과 고기잡이를 위해 바람이 간직한 정보를 얻어 바람에게 이름을 붙여주었습니다. 하늬바람이 불면 날씨가 맑아지고 고기떼가 모인다는 속설도 바람의 비밀을 읽어낸 뱃사람들의 지혜였습니다. 하루 종일 쉬지 않고 창문을 덜컹이며 불어대는 제주도의 바람도 단순히 날씨에 대한 정보뿐 아니라 더 깊은 비밀을 담고 있는 게 분명합니다.

이번 여행에서 처음으로 알게 된 것입니다만, 제주도에는 360여 개나 되는 '오름'이 있다고 합니다. 마을 뒷동산 정도로 생각되어 별로 관심도 두지 않았던 오름은 알고 보니 제주도 사람들의 토착신앙과 전설이 살아있는 단성화산이었습니다. 섬 전체가 부글부글 끓어오르다가 갑자기 식은 것처럼, 곳곳에 봉긋봉긋 솟아나 있는 이 꼬마 화산들은 꼭대기에 크고 작은 분화구를 가지고 있습니다. 그래서 공중에서 찍은 사진을 보면 오름은 어미새가 날라주는 먹이를 기다리며 공중을 향해 입을 벌리고 있는 둥지 속의 어린 새 같습니다.

오름의 분화구는 또한 쉴 새 없이 불어대는 제주섬의 바람이 잠시 내려앉아 유일하게 쉬어가는 자리입니다. 그래서 어느 작가는 오름을 '바람자리'라고 불렀습니다.

제가 이번에 올라본 바람자리는 관광지로 잘 알려진 '산굼부리'입니다. 하늘의 거인이 내려와 빚어놓은 듯 예쁜 동그라미 분화구가 있는 오름입니다. 제법 많은 사람이 올라와 정신없이 사진을 찍는 사이, 저는 두 팔을 벌리고 한 그루 나무처럼 바람의 길목에 서서 억새풀밭을 휩쓸며 우수수 올라오는 바람을 느껴보았습니다. 소금기 묻은 냄새를 싣고 오는 바닷가 바람보다 들판을 휘돌다 오름에 다다른 풀향 가득한 이 바람이 훨씬 좋았습니다.

철새의 이동경로를 연구하는 사람처럼 깃털보다 더 가벼운 탐지기를 한 점 바람에 꽂아두고 싶은 엉뚱한 생각도 해보았습니다. 매서운 칼바람으로, 수레처럼 꽃향을 실어 나르는 산들바람으로, 새근새근 잠자는 아가들의 호흡으로,

시작도 끝도 없이 지구촌 곳곳을 떠도는 한 점 바람의 경로를 추적한다면 바람이 간직한 곳곳의 이야기를 알아낼 것만 같았습니다.

바람의 사진가 김영갑1957-2005 선생의 사진 작품을 만난 것은 제주도에 머문 지 열흘이 지난 후였습니다. 사진을 좋아하는 동창 신부의 서재를 뒤지다가 우연히 바람을 쫓아 제주 동녘 중산간 들판을 떠돌며 셔터를 눌러대던 한 사진가의 짧은 생애를 처음 만났습니다. 그날 곧바로 두 시간여 거리에 있는 '김영갑 갤러리 두모악'을 찾아 차를 달렸습니다.

폐교가 된 삼달리 초등학교를 빌려 꾸며놓은 갤러리에는 잘 지은 여느 전시관 못지않게 은근한 품위와 아름다움이 배어있었습니다. 사진에는 문외한이지만 저는 그곳에서 처음으로 한순간 포착된 흔들리는 바람의 형상을 보았습니다. 나뭇가지를 세차게 흔들어 대는 된바람, 억새밭을 서걱이며 지나가는 실바람, 보리밭을 일렁이는 남실바람…. 그의 사진 곳곳에서 출렁출렁 바람의 소리가 들리는 듯했습니다. 그러나 진정한 바람의 이야기는 사진보다 더 아름답게 예술혼을 불태웠던 그의 삶의 흔적에서 흘러나왔습니다.

그는 나이 오십을 채 채우기도 전에 루게릭병으로 숨졌습니다. "김영갑을 만들고 그의 사진을 만들고 그를 데려간 것은 바람"이었노라고 그의 지인이 진술하듯, 바람은 한 청춘을 사로잡아 자신의 얼굴을 보여주었습니다. 한 청년이 결혼도 하지 않은 채 낯선 섬을 홀로 떠돌았습니다. 지독한 고독과 늘 빈 쌀독을 바라보아야 하는 진저리나는 가난을 살면서도, 바람결에 흐르는 대자연의 황홀한 한순간을 필름에 담기 위해 바람 부는 들판을 미친 듯 헤매었습니다.

그는 제주도 사람들의 마음속에 그리움으로 남아있는 이어도, 베일에 가려진 저 황홀한 미美의 세계를 바람에 펄럭이는 벌판에서 본 듯합니다. 어쩌면 그것은 영원히 카메라에는 담을 수 없는 그의 마음속 풍경일지 모릅니다. 손톱 크기만 한 카메라 렌즈를 들여다보며 그가 그토록 찾아 헤맨 그 아름다움의 세계는 치열한 삶을 통해 수수께끼 같은 인생의 신비를 얼핏 일별한 깨달음의 순간일 것입니다. 그것이 그의 인생에서 평화가 되고 구원이 되었습니다.

그는 마지막 자전 에세이 서문에서 다음과 같은 이야기를 건네주고 떠났습니다.

"아름다운 세상을, 아름다운 삶을 여한 없이 보고 느꼈다. 이제 그 아름다움이 내 영혼을 평화롭게 해줄 것이라고 믿는다. 아름다움을 통해 사람은 구원받을 수 있다는 믿음을 간직한 지금, 나의 하루는 평화롭다."

우리가 경험하는 시간이란 흐름은 벌판에 끊임없이 불어대는 바람입니다. 가슴을 설레며 손꼽아 기다리던 즐거운 여행도 시간의 흐름과 함께 바람을 타고 기억 저편으로 아스라이 사라집니다. 한순간이라도 붙잡아 놓을 수 있는 것은 아무것도 없습니다.

산다는 것은 바람 부는 인생의 들녘을 배회하며 의식적이든 무의식적이든 기억의 사진을 찍는 것일 따름입니다. 우리는 더 나은 한 컷의 사진을 담아내기 위해 시간의 흐름 속에서 내일을 기다리고 있을 뿐입니다.

바람의 사진가가 필생 업으로 하여 찍은 사진은 셀 수도 없이 많다고 합니다. 두모악 갤러리에 전시되어 있는 사진은 그중 극히 일부에 지나지 않습니다. 사제의 삶을 선택하고 지금껏 살아온 기억의 앨범을 꺼내보면 부끄러워집니다. 언젠가 하느님 앞에 나아가는 날, 아름다운 기억의 사진을 과연 몇 장이나 건져내어 전시할 수 있을지 걱정스럽습니다. 하느님의 온전한 사랑에 빠져 황홀한 기억의 사진을 단한 장이라도 간직할 수 있다면 바람의 사진가가 되어 억새

풀 출렁이는 삶의 들판을 서성이는 사제의 삶은 참 행복할 것 같습니다.

온밤을 덜컹이며 불어대던 제주도 바람의 이야기는 내 안에서 나를 두드리는 간절한 '바람'이 되어 지금도 작은 돌개바람을 일으키고 있습니다.

사
려
니
숲
길
을
걸
으
며

휴가차 제주도에 갔다가 '사려니 숲길'을 걸었습니다. 몇 번
이고 걸었던 숲길이지만 걸을 때마다 새로운 길을 걷는 듯
한 느낌이 듭니다. 구름 한 점 없는 한낮의 맑은 날에도 태양
을 가릴 정도로 우거져 있어 숲길에 들어서면 시간을 잊게
됩니다. 숨을 헐떡이며 오르내려야 하는 고갯길도 거의 없
어서 혼자 산보할 때는 물론이고 다른 사람과 동행할 때도
대화를 나눌 수 있어 걷기에 안성맞춤인 길입니다.

'사려니'라는 말은 '살안이' 또는 '솔안이'에서 온 말이라고 하는데, '살'과 '솔'은 신령스러운 곳을 이를 때 쓰는 제주도 말로 '사려니'란 '신성한 곳'을 뜻한다고 합니다. 이름 뜻 그대로 사려니 숲길은 날이 맑으면 맑은 대로, 비가 오면 비가 오는 대로 신령한 느낌을 주는 밀림입니다.

이번에는 비가 금방이라도 올 듯이 구름이 잔뜩 낀 흐린 날씨에 사려니 숲길을 걸었습니다. 습한 공기 속에 잠겨있는 숲이 더 신령하게 느껴집니다. 간간이 숲을 휘돌아 나온 습한 바람이 빗줄기처럼 얼굴에 부딪혀 올 때면 짙은 숲의 향기가 온몸에 스며드는 것 같습니다. 비가 올 것이라는 일기예보가 있었지만, 그에 아랑곳하지 않고 많은 사람이 숲길을 걷고 있었습니다.

과거에는 어딜 가나 숲길이었을 것입니다. 그런데 이제는 이런 숲길이 관광지가 되어야 할 정도로 우리는 숲을 잃어버렸습니다. 숲을 잃은 것이 아니라 길을 잃어버렸다고 하는 편이 더 옳을지 모릅니다. 언제부턴가 경치가 좋다는 곳에는 골프장이나 위락시설이 들어서고 사람들이 걷던 길에는 시커먼 아스팔트와 콘크리트가 깔리기 시작했습니다. 이 작은 나라 전 국토에 거미줄만큼이나 촘촘하게 도로가 건설

되고 그렇게 생긴 도로 위를 자동차들이 괴물처럼 굉음을 내며 달리고 있습니다.

도로와 교통수단의 발달이 문명과 경제 발달의 척도로 보일지도 모르지만, 자연의 세계에서는 인간이 콘크리트로 온 땅을 난도질해서 생태계를 수천 갈래로 갈라놓은 것에 불과합니다. 만남과 소통을 위한 길이 오히려 사람과 사람, 사람과 자연, 자연과 자연의 소통을 단절했습니다. 사람들은 자연의 소리 대신 아스팔트 도로 위에서 자동차 기계음을 들으며 궤도를 따라 도는 기계의 부속품처럼 되어가고 있습니다.

길은 사람들이 통행하고 물건을 운반하기 위한 수단 그 이상의 의미를 가집니다. 길 도道 자가 의미하는 것처럼 길을 걷는다는 것은 인생의 도리를 숙고하고 수행하는 일입니다. 그래서 길을 걷는 그 순간은 자기 자신과 소통하는 시간이고 자신의 몸과 대자연이 교감을 나누는 시간입니다. 자동차를 타고 목적지를 향해 내달리기만 하는 사람에게는 이런 소통과 교감이 있을 수 없습니다. 오로지 길을 걷는 사람만이 내면의 소리를 들을 수 있고 자연과 하나가 될 수 있습니다.

나뭇가지를 흔들어 대는 바람 소리, '푸르륵' 소리를 내며

사려니숲길 날이 맑으면 맑
은 대로 비가 오면 비가 오
는 대로 신령한 느낌을 주는
밀림이다. (사진: 전원)

숲을 날아다니는 새 소리, 풀잎 속에 숨은 작은 벌레 소리까지, 자연은 걷는 자에게만 친구로 다가옵니다. 교통수단의 발달로 목적지에 더 빨리 이르고 원할 때 바로 만날 수 있게 되었을지 모르지만, 진정 걸어야 할 길을 잃은 사람들은 오히려 고립된 채 소외되어 가고 있습니다.

그래서일까, 언제부터인가 사람들은 잃어버린 길을 다시 만들기 시작했습니다. 지방마다 옛 조상들이 걷던 길을 복원하는가 하면, 제주도에서는 골목길을 이어주는 '올레길'을 개척하고, 이름 있는 산에는 '둘레길'을 마련하여 도시 사람들에게 길을 걷도록 초대하고 있습니다. 어떤 목적지에 이르기 위한 이동이나 운송의 수단으로서 마련된 것이 아니라 오로지 걷는 것 그 자체를 목적으로 하고 있는 길입니다.

이런 길들은 현대인의 건강에 도움을 주기도 하지만 그보다는 진정 걸어야 할 인생길을 걷도록 돕는 것에 그 숨은 의미가 있습니다. 그래서 「걷기예찬」을 쓴 프랑스의 사회학자 다비드 르브르통David Le Breton은 그의 글에서 "길을 걷는 것은 시선을 그 본래의 조건에서 해방시켜 공간 속에서뿐만 아니라 인간의 내면 속으로 난 길을 찾아가게 한다."라고 하였습니다. 이렇게 길을 걷는다는 것은 천 갈래 만 갈래 인생길이 그려진 우리 '내면의 지도'를 더듬어 진정 나에게 주어진 '참된 길'을 찾는 삶의 수행입니다.

우리 내면의 지도에는 여러 갈래의 길이 놓여있습니다. 착한 사마리아 사람이 강도를 만나 죽어가는 사람을 치료하기 위해 걸었던 길이 있는가 하면, 이를 피하기 위해 사제와 레위인이 걸었던 그 반대쪽 길도 있습니다.루카 10,29-37 빈 무덤을 향해 달려간 제자들의 새벽길이 있다면, 유다가 걸었던 배신의 밤길도 있습니다.

사제로서, 수도자로서, 한 가정의 부모로서, 배우자로서 자신의 신분과 직업 안에서 걸어야 할 길과 걷지 말아야 할 길이 있습니다. 길을 잃거나 길이 아닌 길을 걸을 때, 우리 무의식은 충돌하고 결국 인생을 혼란스럽게 합니다.

성경에 보면 성모님이 걸어야 했던 길이 특히 선명하게 보입니다. 가브리엘 천사의 수태고지를 듣고 친척 엘리사벳을 찾아 서둘러 걸어간 유다 산악의 길, 마리아와 요셉이 헤로데의 폭정을 피해 한밤에 아기 예수를 안고 황급히 이집트로 피난 가던 길, 예루살렘 성전에서 예수님을 잃어버리고 사흘을 헤매던 길, 공생활 중 아들 예수가 보고 싶어 예수님 주변을 서성이던 길, 마침내 예수님과 함께 걸었던 십자가의 길. 하느님께서 그려준 내면의 지도를 따라 걸었던 성모님의 그 길이 이스라엘 땅에 선명하게 그려져 있습니다.

사려니 숲길을 걸으면서 엉뚱하지만 이 숲을 가장 먼저 헤치고 걸어간 사람은 누구일까 생각해 보았습니다. 어쩌면 그 옛날 이 신령한 숲의 아름다움에 끌려 숲을 헤치며 걸었던 사람이 처음으로 이 숲에 길을 내었을 것입니다. 그리고 그 길을 수없이 걷고 또 수많은 사람이 그 뒤를 이어 걸어서 아름답고 선명한 숲길이 만들어졌을 것입니다.

저도 이런 신령한 숲길 하나 내고 싶은 생각이 듭니다. 제 인생의 지도에 그려 넣을 단순하고 선명한 길, 혼자 걸어도 좋고 같이 걸어도 좋은 길, 사제직의 아름다움을 찾아 걷고 또 걸어서 내 인생의 '사려니 숲길'을 내고 싶습니다.

등
대
지
기
의
꿈

엉뚱할는지 모르지만 청소년 시절에 저는 등대지기가 되고 싶은 생각에 깊이 빠져든 적이 있었습니다. 바다에 쏟아지는 밤하늘의 별빛과 바람과 파도와 끝없이 펼쳐지는 무한의 세계 같은 수평선을 바라보며 산다는 것은 생각만 해도 가슴 설레는 일이었습니다.

더욱이 어쭙잖게 통기타를 배우며 〈등대지기〉라는 노랫말을 읊조리면서부터는 어느 외딴섬의 등대지기가 되고 싶은 생각에 밤잠을 설치기까지 했습니다. 낮이면 갈매기와 파도의 친구가 되고, 어두운 밤이면 길 잃은 밤배를 인도하며 살아가는 등대지기야말로 세상에서 가장 거룩하고 진실한 삶의 모습이라고 생각했습니다.

그래서 언제부턴가 등대가 있는 외딴섬에 가서 홀로 살아가는 등대지기를 만나 그의 아름다운 삶을 눈으로 확인하고 싶었습니다. 깊게 팬 눈, 무한을 바라보는 듯한 먼 시선, 거룩하고 온화한 할아버지 모습의 등대지기를 만나보리라는 기대를 버리지 않았습니다. 그러나 주변 환경은 이런 꿈의 실현을 사춘기 때는 허락해 주지 않았습니다. 결국 외딴섬의 등대를 찾은 것은 성인이 되고 훨씬 후의 일입니다.

제가 찾아간 등대가 있는 외딴섬은 여수에서 뱃길로 4시간이나 더 가는 곳이었습니다. 유조선이 좌초하여 오랫동안 기름띠에 몸살을 앓았지만 푸른 파도가 일렁이고 수평선 너머로 갈매기가 날갯짓하는 무척이나 아름다운 섬이었습니다. 섬으로 향하던 배 위에서 저 멀리 섬이 한눈에 들어오자 그 벼랑 끝에 그림처럼 서있는 하얀 등대가 보였습니다.

배에서 내리자마자 맨 먼저 섬의 끝자락 등대가 있는 곳으로 달려갔습니다. 상상했던 것과는 달리 젊고 땅딸막한 등대수가 낯선 불청객 청년을 반갑게 맞아주었습니다. 그는 기다렸다는 듯이 도표를 꺼내 보이며 마치 상관에게 보고하듯 등대의 제원諸元, 점등 시간, 배의 운항 횟수 등을 조목조목 짚어가며 자랑스럽게 설명해 주었습니다.

그러나 그토록 기대하던 등대지기의 거룩한 마음과 아름다운 삶의 이야기는 끝내 들을 수가 없었습니다. 오히려 등대지기로서 겪는 온갖 불편함과 앞으로 1년만 견디면 공무원으로서 좋은 보직과 진급이 보장된다는 이야기만 들을 수 있었을 뿐입니다. 그 순간 제 가슴속 한 켠에 고이 안고 살았던 등대지기의 아름다운 삶의 모습은 여지없이 무너져 내렸습니다. 풍랑 때문에 배가 들어오지 못해서 며칠을 그 섬에 머물렀지만 그 등대를 두 번 다시 찾지 않았습니다.

가끔씩 늦은 밤 명동성당 마당을 배회하다 컴컴한 언덕 위에 우뚝 솟은 종탑과 유난히 밝게 비치는 노오란 시계 불빛을 봅니다. 등대를 닮은 명동성당의 모습을 바라보노라면 잊은 등대지기의 꿈이 다시 떠오릅니다. 노랫말 같은 등대섬과 등대지기는 결코 만나지 못할지라도 내 가슴 한 켠에서 허물어진 그 꿈만은 다시 품고 살고 싶어집니다. 그리고 외딴섬을 찾아 나서던 그 심정으로 제 길을 가고 싶어집니다.

마라도 성당에서
만난 꿈과 현실

무더위가 한창 기승을 부리던 어느 여름, 제주도 남쪽 마라
도를 다녀왔습니다. 그 섬을 예정도 없이 찾아간 이유는 우
리나라 최남단에 위치한 관광지이기 때문만은 아니었습니
다. 강의 때문에 제주도를 드나들면서 마라도에 누군가 와
서 살아주기를 기다리는 아름다운 빈 성당이 있다는 이야기
를 들어서입니다.

　도시 한복판에 살면서 일과 사람에 지쳐갈 때마다 한적한

곳에서 피정집을 하며 살고 싶다고 푸념 섞인 생각을 하고 있던 터라, 그 이야기를 들은 순간부터 꼭 한 번 그 섬에 가보고 싶었습니다. 더욱이 청소년 시절 사춘기에 한참 동안 외딴섬의 등대지기가 되겠다는 열병을 앓은 기억마저 되살아나면서, 향수병이 도진 사람처럼 그 섬에 갈 기회를 찾고 있던 참이었습니다.

모슬포항에서 관광객을 가득 실은 배는 마라도에 도착하자 벼랑을 깎아 만든 좁은 선착장에 우리 일행을 내려놓았습니다. 나무 한 그루 없는 작은 섬이 더운 열기를 뿜어내고 있었습니다. 마치 아프리카 오지의 낯선 섬에 선교사로 파견된 사람처럼 8월 한낮의 뙤약볕 아래 땀을 뻘뻘 흘리며 섬 남쪽 부근 등대 가까이에 있는 빈 성당 건물을 찾아갔습니다.

삼사십 명의 사람이 들어서면 꽉 찰 것만 같은 작은 성당이 바닷물에 잠기지 못해 목이 말라 바다를 그리워하는 전복처럼 서있었습니다. 콘크리트 구조물은 제법 잘 보존되어 있었지만 문을 제대로 열기도 힘들 정도로 몰아치는 해풍에 자물쇠들은 녹슬어 있었고, 사람 손길이 닿지 않은 냉난방 기구들은 사용이 불가능할 정도로 부식되어 있었습니다.

성당은 어느 수도회의 수사님이 선교를 꿈꾸며 모금하여

꽤 많은 돈을 들여 지은 건물이었습니다. 하지만 정확한 이유는 모르겠으나 수도회는 그곳 사목을 포기하고 제주교구에 건물을 넘겨주었습니다.

성당 안에 오랫동안 갇혀있던 후끈한 공기를 뚫고서 옥탑방으로 올라가 보았습니다. 한두 평 크기의 3층 옥탑방에는 누군가 잠을 자고 방금 떠난 듯 이부자리가 그대로 깔린 채 돌아올 주인을 기다리고 있었습니다. 개키지도 않은 이부자리를 보며 저는 갑자기 그곳에서 마지막 잠을 자고 난 후 성당 문을 잠그고 떠난 사람이 누구인지 궁금해졌습니다.

어쩌면 그 사람도 저처럼 어릴 적 외딴섬 등대지기를 꿈꾸다 수도사가 되어 이 섬을 찾았는지도 모릅니다. 밤하늘에 떠있는 별과 달, 무한히 펼쳐진 태평양 검푸른 밤바다에서 하느님과의 깊은 만남을 꿈꾸며 마라도에서의 삶을 시작했을지도 모릅니다.

그러나 현실은 꿈과 달랐을 겁니다. 허드렛물은 빗물을 받아 써야 하고, 식료품과 생수는 뱃길 30여 분 거리의 모슬포항에서 조달해야만 하는 열악한 환경은 견디기가 어려운 것이었으리라 쉽게 짐작이 됩니다.

설령 그 모든 어려움을 감내할 수 있었다 해도 섬에서 살

마라도 성당 어느 수도회에서 선교를 위해 꽤 공들여지은 건물이지만 지금은 사목을 포기하고 제주교구에건물을 넘겨주었다. (사진: 전원)

아야 할 의미를 잃었는지도 모릅니다. 뱃시간이 되면 사람들이 밀물처럼 몰려들어 옵니다. 작은 섬을 여기저기 돌며 사진 몇 방 찍고 나면 또 썰물처럼 빠져나갑니다. 이런 일과를 날마다 마주하면서, 그 사람은 섬에 자신이 존재해야 할 이유를 찾지 못했는지도 모릅니다.

바다는 산이나 들판과 달리 탁 트인 듯하지만 이내 한 발도 더 나갈 수 없는 고립된 공간을 만들어 냅니다. 고독보다 더 무서운, 섬이 주는 고립감이 어쩌면 갈등하고 있는 그 사람에게 섬을 떠나도록 재촉했을 것입니다. 날이 새면 섬을 떠나야 할 그 사람은 이곳 좁은 옥탑방에서 이부자리를 깔고 턱을 괴고 엎드려 작은 창문으로 마라도의 짙은 밤 풍경을 바라보았을 것입니다. 그리고 이상과 현실의 높은 장벽을 절감하면서 자신의 오랜 꿈을 접어야 하는 깊은 고뇌 속에서 마지막 밤을 지새웠을 것입니다.

저는 옥탑방에 여운처럼 남아있는 그 흔적을 보며 마치 내가 이 섬에 살러 왔다가 떠날 구실을 찾기라도 하는 것처럼 내 삶의 변명거리를 찾고 있었습니다.

한두 시간 머문 짧은 방문이었지만 마라도의 빈 성당 풍경은 지금도 제 머릿속을 맴돌고 있습니다. 성당은 나의 꿈과 현실의 어떤 만남을 이야기해 주는 듯합니다. 그곳은 허약한 자세로는 넘어설 수 없는 현실의 장소였습니다. 고독과 가난을 살아가는 거룩하고 아름다운 삶을 꿈꾸어도 그 현실에는 다가갈 수 없는 외딴섬의 빈 공간일 뿐입니다.

이렇게 우리나라 최남단 마라도 끝자락에서 누군가의 미완의 꿈을 담고 서있는 빈 성당은 꿈과 현실 사이의 짧은 만남을 이루어 주었습니다. 그리고 꿈과 현실의 거리만큼 사제로서 아직도 가야 할 먼 길이 남아있음을 알려주었습니다. 마라도 성당은 어떤 멋진 이상을 마음속에 간직하고도 아직 그 꿈을 이루지 못한 모든 이의 현실 공간은 아닐는지요?

어느 성탄절엔가 시골의 작은 피정집에서 미사를 드린 적이 있습니다. 본당을 떠나 연구소에서 근무하고 있어 성탄 때마다 사제를 필요로 하는 곳에서 미사를 드리곤 했지만, 이번만은 서울을 꼭 벗어나리라고 일찍부터 결심을 해둔 터였습니다. 서울의 콘크리트 숲을 벗어나 산과 들판을 볼 수 있다는 생각만으로도 마음이 후련해지고 행복해집니다.

그래서 찾아가게 된 곳이 충청북도 진천에서도 한참을 들어가는 산간 마을에 자리 잡은 피정집이었습니다. 그곳을 지키는 수녀님 몇 분과 작은 경당에 옹기종기 둘러앉아 성탄 밤 미사를 봉헌했습니다. 밤 풍경을 맞아들이기 위해 성당의 커튼을 모두 걷어젖히고 〈고요한 밤 거룩한 밤〉 성가를 부르며 소박하게 아기 예수님의 탄생을 경축했습니다. 눈이라도 펑펑 내려줄 것을 기대했지만, 그날따라 구름 한 점 없는 밤하늘에 유난히 밝은 별들만이 초롱초롱 빛나고 있었습니다.

별을 바라보면 「어린 왕자」 이야기가 들려오는 듯하고, 윤동주의 맑은 시가 저절로 읊조려집니다. 또 툇마루에 어머니의 무릎을 베고 드러누워 별을 세며 스르르 잠이 들던 유년 시절의 그리운 기억이 피어나기도 합니다. 강원도 최전방의 전선을 지켜야 했던 초병 시절, 밤새 별을 바라보며 잊고 있던 성소의 꿈이 되살아나 그다음 날 수도원에 지원하는 긴 편지를 썼던 기억도 새롭습니다.

억만 광년의 어둠을 뚫고 지금 여기에 도달한 별빛은 밤이 시름처럼 한층 더 어둡고 깊어질 때 영원한 진리를 동경하게 하고 하느님의 무한하심과 영원성을 보게 해줍니다. 그래서 성경 속의 동방박사들은 세상의 어둠 속에서 별을 보고 진리이신 구세주의 탄생을 감지했습니다. 밤하늘의 별은 이렇게 내 인생 기억의 창고 속에서 순결하고 진실했던 삶의 순간을 찾아내어 나라는 존재를 소중하게 만들어 줍니다.

성탄 밤 미사를 봉헌하고 난 뒤, 그 피정집에서 자동차로 20분 정도 더 산속으로 들어가야 이를 수 있는 '발래기'라는 지명의 산골 마을로 향했습니다. 그 마을에 자리 잡고 있는 '한국순교복자수녀회' 소속의 관상 공동체 '대월의 집'을 방문하기 위해서였습니다. 그곳에 이르자 아직 못다 한 콩 타작을 끝내기 위해 앞마당에서 도리깨질을 하던 수녀님이 반갑게 저를 맞이해 주셨습니다. 꽤 나이가 드신 수녀님부터 어린 수녀님까지 열두 분의 수녀님들이 산속에서 일생 동안 기도하고 일하며 살겠노라고 서원하고 살고 있었습니다.

세상 소식이라고는 간간이 듣는 라디오 뉴스와 매주 배달되는 교회 신문이 전부였습니다. 수녀님들은 세상을 온통 흔들어 놓은 사건도 한참을 지나서야 들을 수 있을 만큼 세상과는 철저하게 떨어져 살고 있었습니다. 가끔 방문하는 손님들이 세상 돌아가는 이야기를 가장 상세하게 전해주는 '세상소식'의 전령사라고 했습니다.

수녀님들은 사람들이 보지 못하는 장소에서 하늘과 땅을

벗 삼으며 풀꽃처럼 살고 있습니다. 세상 사람들이 더 얻고 더 누리기 위해 발버둥 칠 때, 그분들은 아무도 보아주지 않는 첩첩산중에서 하루하루 일용할 양식을 마련하기 위해 농사일을 하며 살고 있습니다.

이런 수녀님들을 보니 문득 「어린 왕자」의 한 대목이 생각납니다.

"사막이 아름다운 건 사막 어딘가에 우물이 숨어있기 때문이야."

교회를 참으로 아름답게 하는 것은 화려하고 멋지게 세워진 성당도 아니고, 거대한 성당에 수천 명이 몰려들어 웅장한 성가를 울리며 거행하는 장엄한 전례도 아닙니다. 기암절벽이 솟은 높은 산도 산등성이 곳곳에 소리 없이 피어있는 작은 풀꽃들에서 생기를 받듯, 교회 구석구석에서 소리 없이 기도하고 봉사하며 살아가는 사람들, 스스로 가난을 살며 삶의 진실을 살아가는 사람들이 교회에 생명을 줍니다. 그들은 말하지 않아도 교훈이 되고, 나서서 행동하지 않아도 귀감이 되어 세상을 변화시키는 힘이 됩니다.

밤하늘이 아름다운 건 저 수많은 별 어디엔가 내가 살아온 역사 속의 진실하고 순결했던 삶의 순간들이 숨어있기 때문입니다. 세상이 아름다운 건 세상 어디엔가 우리가 살고 싶은 정결하고 가난한 삶을 이미 몸으로 살고 있는 사람들이 있기 때문입니다. 나자렛 산골의 한 처녀, 소리 없이 세상의 구원을 갈망하며 살았던 마리아가 온 세상을 구원하는 어머니가 되었듯 하느님은 작고 보잘것없는 소박한 자리에서 당신의 뜻을 이루고 계십니다.

오늘도 발래기 밤하늘에는 온통 별이 빛나고 있을 것입니다. 적막한 산골 마을에서 풀꽃처럼 사는 수녀님들이 이 땅에 하느님 나라가 오기를 갈망하며 별을 쳐다보고 있을지도 모릅니다. 이 땅의 모든 사람에게 그분들이 바라보는 이런 희망의 별 하나씩을 선물하고 싶습니다.

하
회
마
을
에
서

받
은

숙
제

대구에 출장을 다녀오면서 안동 하회마을을 들렀습니다. '하회河回'란 문자 그대로 낙동강 줄기가 마을을 둘러싸고 태극 모양으로 굽이쳐 흐른다고 하여 붙은 이름입니다. 우리에게 잘 알려진 하회탈의 본고장이기도 한 이 마을은, 1970년대 새마을운동으로 아름다운 한옥 마을이 하나둘 사라지던 와중에 살아남아 그 명맥을 보존하며 오늘에 이르렀습니다.

일상이 바쁘고 척박할수록 잊었던 그 마을이 자꾸만 생각나던 터라, 계획도 없이 하회마을로 향했습니다. 네비게이션의 도움을 받아 낯선 밤길을 뚫고 하회마을로 향하는 길은 타임머신을 타고 과거로 여행하는 것 같았습니다.

늦은 저녁식사와 함께 민박집에서 주는 농주를 한잔하고 토담 사이 골목길을 거닐었습니다. 한옥 마을 밤의 느낌이 너무 좋아서 방향도 목적도 없이 이리저리 발길이 닿는 대로 걸었습니다. 서울에서는 맡기 어려운 상큼한 흙냄새가 늦은 밤 축축한 밤공기를 타고 전해집니다. 비 온 뒤 맑게 갠 짙푸른 밤하늘에는 아름다운 별들이 초가지붕과 어우러져 한 폭의 그림을 그려냅니다. 하룻밤을 지내면 다시 서울로 올라가야 하는 처지라서 시간의 흐름이 안타까울 뿐입니다.

밤이 이슥해서야 한옥집 작은 문간방으로 돌아와 잠을 청했습니다. 한 평 남짓 작은 토방에서 느껴지는 가난함이 내 안에 덕지덕지 붙어있는 삶의 짐을 털어주며 깊은 잠 속으로 나를 밀어 넣었습니다. 그 옛날 어느 양반댁이었을 이 집이 이제 민박집이 되어 아무런 연고도 없는 나그네에게 잠자리를 내주고 있었습니다.

참 오랜만에 늦도록 깊은 잠을 잤습니다. 아침 햇살이 한옥의 낡은 띠살문 빛바랜 한지를 투과하여 들어와 방 안을 부드럽게 채우고 있었습니다. 잠을 깼지만 누워서 한옥이 주는 정취를 느끼며 게으름을 피웠습니다. 바깥에서 억센 경상도 사투리로 누군가와 이야기를 나누는 민박집 주인 할머니 소리가 들립니다. 신발을 끌며 화장실 가는 사람, 수돗가에서 와자지껄 떠들어 대며 세면하는 학생들, 분주한 세상의 소리가 바깥인 듯 안인 듯 들려옵니다. 한옥이 생기 있게 느껴질 때는 이렇게 안과 밖이 차단되지 않고 인간의 냄새와 숨결이 시끌벅적하게 들려올 때가 아닌가 합니다.

한옥은 목수의 직관과 숨결로 짓는다고 했습니다. 목수는 자연 속에서 집을 지을 좋은 흙을 찾아내고 나무를 골라 나무결과 트집을 다스리며 함께 호흡하듯 집을 짓습니다. 그래서 흙과 나무의 숨결을 직접 몸으로 느끼고 익힌 목수만이 제대로 한옥을 지을 수 있다고 합니다.

오늘날처럼 시멘트와 유리 등 화학약품으로 처리한 죽은 재료로 건축물을 세워서 공기의 흐름을 막고 소리를 차단하여 고립된 공간을 만드는 것이 아니라, 사람과 사람, 사람과 자연이 만나고 소통하도록 만든 것이 한옥의 특징입니다. 지나가는 바람을 막지 않고 처마에 흐르는 빗물을 안마당까지 끌어들여 자연의 소리를 듣고 느끼도록 만든 것이 한옥입니다. 흙과 나무를 일으켜 세우면 집이 되고 스러지면 다시 자연이 되는 것이 한옥입니다. 비록 방은 비좁고 초라하지만 자리 잡고 누우면 넉넉함이 배어 나오는 것은 인간이 자연과 만나 하나가 되어 함께 호흡하고 소통하도록 만들어진 한옥의 구조 덕분입니다.

그날 하루 마치 수사관이 되어 온 마을을 수색하듯 여기저기 집집마다 기웃거리며 하회마을의 모습을 알뜰하게 마음에 담았습니다. 비록 영화나 연속극의 세트처럼 마을이 변해가고 있고 손님을 부르는 아크릴 입간판들이 눈살을 찌푸리게 하지만, 그나마 한옥의 아름다움과 정취를 느껴볼 수 있는, 우리나라에서 몇 안 되는 마을입니다.

하회마을을 한눈에 보려면 마을 맞은편 부용대芙蓉臺에 올라가야 합니다. 연못에 떠오른 연꽃 같다 하여 이름 지어진 부용대는 한옥 마을을 휘감으며 흐르는 물길을 따라 병풍처럼 기암절벽으로 우뚝 서있는 그리 높지 않은 산입니다. 부용대에 오르니 기와집과 초가집이 옹기종기 어우러져 통통하게 살진 새들이 다정하게 내려앉은 것 같은 모습의 하회마을이 눈 안 가득 들어옵니다. 옛사람들은 이렇게 촌락을

하회마을 안과 밖이 차단되
지 않고 인간의 냄새와 숨
결이 시끌벅적하게 들려올
때 한옥 특유의 생기를 느
낄 수 있다. (사진: 전원)

이루며 가족과 이웃이 정을 나누며 살았을 것입니다.

'외로움'이니 '소외'니 하는 말은 자연과 더불어 서로 정을 나누며 살아가는 옛사람들에게는 낯선 말이었습니다. 이런 말들은 생활환경이 산업화되고 도시화되면서 회자되는 현대의 언어입니다. 아파트나 빌라 등 생활공간은 더욱 밀접해졌지만 외로움은 더욱 커지고 있습니다. 인간의 통교를 도와줄 통신매체들은 눈부시게 발전하고 한나절이면 어디에나 이를 수 있는 시대를 살고 있지만, 소외감은 더욱 깊어지고 있습니다. 사람들은 콘크리트 벽으로 둘러싸인 아파트 공간에서 점점 더 고립을 자초하고 있고, 한 걸음 거리의 옆집 사람도 더 이상 이웃이기를 거부합니다. 사람과 사람의 관계는 경쟁관계일 뿐이고, 만남은 거래 수단일 뿐입니다. 자연으로부터 고립되고 인정이 끊어진 사회일수록 이런 단절은 더욱 깊을 것입니다.

늦은 시각 숨 막히는 서울로 돌아왔습니다. 명동 거리에 빽빽이 들어선 외로운 군상이 어깨를 부딪히며 지나가고 있습니다. 시대마다 세상을 향한 교회의 역할이 있었습니다. 이 시대 교회가 수행해야 할 가장 큰 사명은 무엇일까요? 비록 우리가 한 세기 전으로 돌아가 한옥을 짓고 촌락을 이루며 살 수는 없지만, 그럴수록 교회가 해야 할 일은 더 많아 보입니다. 삶을 깊이 나누는 이웃공동체를 엮어내는 일, 사람과 사람 사이에 인정의 물꼬를 트는 일, 무분별한 개발을 막고 병든 자연환경을 살려내는 일, 인간이 자연의 친구가 되어 더불어 살게 하는 일….

하회마을에서 보낸 하루는 모처럼의 여유와 즐거움을 누린 시간만은 아니었습니다. 마을 훈장님이 내준 어려운 문제처럼, 저는 맘속에 숙제 하나를 받아왔습니다. 그것은 저만 받은 숙제는 아닙니다. 겨우 명맥을 유지하고 있는 한옥마을이 이 시대 우리 모두에게 부여한 삶의 숙제입니다. 미래 역사가 그 숙제 검사를 위해 기다리고 있습니다.

히
말
라
야
가
저
기
있
다

동료 신부들과 함께 네팔 가는 비행기에 올랐습니다. 오래
전부터 히말라야가 있는 네팔은 꼭 한번 가보고 싶었던 곳
이라 다른 여행보다 설렘이 더했습니다. 사진으로만 바라보
던 히말라야 산 전경을 직접 보며 느낄 수 있다는 것은 생각
만 해도 참으로 즐거운 일이었습니다.

   그런데 네팔의 수도 카트만두에 도착한 순간부터 제 기대
는 깨지고 말았습니다. 현지에서 선교하는 수녀님들만 믿고

무작정 출발했는데 여행 정보에 어두운 수녀님들이 저의 기대에는 아랑곳없이 먼지와 소음이 가득한 시내 한복판에 숙소를 정해놓고 우리 일행을 기다리고 있었습니다. 그다음 날도 수녀님들이 짜놓은 계획에 따라 원하지 않는 시내 관광을 하며 서울보다 더 심한 매연과 먼지 속에서 이틀을 보내야 했습니다. 서울을 탈출하여 하루빨리 히말라야 산의 품에 파묻혀 달콤한 잠을 자고 싶었던 꿈은 부서지고 말았습니다.

짧은 일정이라 마음이 급해진 저는 현지 여행사에 연락해서 여행 계획을 다시 잡았습니다. 여행사에서 내준 지프차로 일곱 시간 이상을 덜컹이며 달려서 포카라에 도착해서야 히말라야 산이 있는 곳에 왔구나 하는 느낌을 받기 시작했습니다. 저 멀리 파란 하늘 구름 위로 신기루처럼 신비하게 솟아있는 하얀 안나푸르나 봉우리가 도시를 지키는 신선처럼 살짝 얼굴을 드러내고 있었습니다.

다음 날 히말라야를 좀 더 가까이 볼 수 있는 곳을 이리저리 찾아다니다가 '오스트리안 캠프'에 올랐습니다. 오래전 오스트리아에서 온 산악인들이 히말라야 등정을 위해 캠프를 치고 등산 루트를 연구하며 대기하던 장소라고 해서 지금도 그렇게 불리는 곳입니다. 오후 시간 더위를 무릅쓰고 땀 흘려 올라갔지만 구름은 산을 병풍처럼 가린 채 도무지 그 얼굴을 보여주지 않았습니다. 애타게 기다려도 구름이 걷힐 기미가 보이지 않자 함께 간 동료 신부님들은 그곳을 떠나기로 했습니다. 하지만 저는 기어이 히말라야를 보겠노라고 고집을 부리며 그곳에 혼자 남아 하룻밤을 묵기로 했습니다.

오스트리안 캠프의 밤은 정말 아름다웠습니다. 저녁 안개가 몰려오자 산등성이에 둥실 떠있는 듯 캠프는 신비감마저 감돕니다. 어둠이 깊어지자 롯지lodge(오두막)에 숙박하는 손님들의 방에 하나둘 불이 꺼지고 캠프는 갑자기 안개에 휩싸이면서 칠흑 같은 어둠 속에 파묻혔습니다. 바람을 타고 안개가 지나가면 하늘의 별이 쏟아질 듯 빛나고 다시 안개가 몰려오면 캠프는 짙은 어둠에 빠져들기를 반복했습니다. 저는 아름다운 히말라야의 품속에서 행복감에 빠져 잠을 설치며 새벽을 기다리고 있었습니다.

어둠이 걷히자 하느님께서 연출하신 한 편의 작품처럼 히말라야가 서서히 모습을 드러냅니다. 새벽의 어둠이 채 가시기도 전 저는 히말라야 전경을 볼 수 있는 언덕으로 올라

오스트리안 캠프에서 본 안
나푸르나 봉 어둠이 엷어지
며 웅장한 히말라야 산맥이
눈앞에 펼쳐지더니 이내 산
봉우리부터 아침 햇살을 받
아 물들기 시작했다.
(사진: 전원)

갔습니다. 아이맥스 영화관에 덩그러니 홀로 앉아 영화를 감상하는 것처럼 언덕 위에 자리를 잡고 앉아 그 멋진 광경을 지켜보았습니다.

어둠이 옅어지자 웅장한 히말라야 산맥이 어디선가 성큼 다가온 것처럼 눈앞에 펼쳐집니다. 그리고 이내 산봉우리부터 아침 햇살을 받아 물들기 시작하더니 온 산이 황금빛으로 변합니다. 아침의 이 장엄한 연출은 태양이 솟아오르자 마침내 끝나고, 히말라야는 한낮의 본래 모습으로 돌아갔습니다.

해가 중천에 떠오를 때까지 저는 오스트리안 캠프 언덕에 우두커니 앉아있었습니다. 마치 네팔의 어느 위대한 스승을 모셔놓고 삶의 이야기를 나누는 사람처럼 히말라야 산을 바라보며 이런저런 생각에 빠져들었습니다. 한때 등산을 무척 좋아하던 시절, 지리산과 설악산을 수없이 오르면서 언젠가 한번쯤 히말라야 어느 봉우리라도 오르겠다는 꿈을 가진 적이 있었습니다. 물론 저의 체격 조건과 체력으로 보아서 그것은 꿈에 불과하다는 것을 알면서도 히말라야 산 사진 하나 붙여놓고 그 꿈을 꾸는 것만으로도 즐거워했습니다.

결국 히말라야 근처도 못 가보고 무리한 등산으로 무릎관절이 상해서 지금은 근교 낮은 산을 오르는 것도 쉽지 않게 되었습니다. 산을 더 이상 제대로 못 오르게 되자 오히려 산이 더 그리워졌습니다. 언제부턴가 그저 등산가들이 쓴 책으로만 등산에 대한 그리움을 달래게 되었습니다.

산악가 허영호 씨는 그의 책에서 히말라야 최고봉 에베레스트 정상에 올랐을 때의 순간을 이렇게 술회합니다.

"사투를 벌이며 올라간 정상, 그러나 나를 기다리고 있었던 것은 탁자만 한 초라한 봉우리와 칼바람뿐이었다."

산악인에게 에베레스트 정상에 오르는 것은 일생의 목표와도 같은 것입니다. 그런데 그가 만난 정상은 우리가 추구해야 할 영성의 산 그 꼭대기의 비밀을 알려주는 듯했습니다.

그 산은 십자가를 지고 올라가야 할 갈바리아 산, 그 꼭대기는 칼바람만 휑하니 불고 있는 절대 고독의 경지입니다. 온갖 사욕편정에 물든 자신의 욕망이 죽고, 피둥피둥 살아 있는 자존심과 이기심이 죽고, 마침내 자신의 전 존재가 십자가에 매달려 그리스도와 함께 죽어야 하는 곳, 그 자리가 우리가 도달해야 할 영성의 최고점입니다.

아마도 제가 히말라야 산을 꼭 눈으로 보고 싶었던 이유는 저 산을 오르고 싶은 갈망 때문이라기보다 사제로서 살아야 할 영성의 어떤 경지에 대한 그리움 때문일 것입니다.

한때는 성인聖人이라도 될 듯한 기세로 치열하게 산 적이 있었습니다. 그러나 저 자신이 그 경지를 살기에는 의지가 너무나 허약했습니다. 자신의 한계를 수없이 경험하면서 그것은 나의 몫이 아니라며 뒷걸음치기 시작했습니다. 높은 산에 오를수록 견뎌야 할 매서운 바람이 무섭고, 외로움과 불편함이 싫어서 언제부턴가 저잣거리나 떠도는 사람처럼 되었습니다.

그럼에도 저는 사진으로만 보던 저 히말라야 산이 분명히 저기 있음을 제 눈으로 직접 보고 싶었습니다. 신앙인이면 살아내야 할 영성의 목표도 저기 저렇게 있습니다. 지금도 수많은 산악인들이 칼바람만이 부는 저 산꼭대기를 향해 오르고 있듯, 참 많은 사람이 교회 곳곳에서 치열하게 험한 길을 오르고 있습니다. 히말라야를 바라보며 한때 용맹했던 그 시절을 생각하며 그 그리움과 갈망만은 다시 한 번 새기고 싶었습니다.

돌아오는 길, 성무일도를 바치며 종종 읊조리던 시편의 한 구절이 머릿속에 맴돌고 있었습니다.

"주님의 산으로 오를 이 누구인고. 거룩한 그곳에 서있을 이 누구인고. 그 손은 깨끗하고 마음 정한 이, 헛 군데 정신을 아니 쓰는 이로다."(성무일도 연중 제5주간 화요일 아침기도)

우
리
가
품
고
사
는
광
야

8박 9일의 짧은 성지 순례를 다녀왔습니다. 이스라엘 백성
의 탈출기를 흉내라도 내듯 이집트에서 출발하여 시나이 광
야를 거쳐 이스라엘로 가는 순례였습니다. 이집트에서 이스
라엘로 향하는 여정 동안 버스 밖으로 보이는 풍경은 나무
한 그루도 제대로 보기 어려운 메마른 사막이었습니다. 이
집트 국경을 넘어 그 옛날 약속의 땅이라던 이스라엘에 들
어섰지만 그곳 역시 이집트와 별로 다를 바 없는 사막과 희

뿌연 석회석 건물의 도시들이 목마른 사람처럼 우리를 기다리고 있었습니다.

이집트에서 필사의 탈출을 한 후 자기 민족을 이끌고 40년간 광야를 헤매던 모세는 느보 산 꼭대기에서 약속의 땅을 바라보며 죽었다지요. 하느님께서 조상들에게 주시겠다던 가나안 땅을 보고 충격을 받아 "아니, 저런 땅을 얻으려고 이 고생을 했단 말인가?" 하며 죽었다는 우스개 이야기가 있습니다. 비록 이스라엘 땅이 모세 시대에 그 지역에서는 다른 곳보다 좀 더 비옥한 땅이었다 하더라도, 좋은 자연환경을 안고 사는 저희 눈에는 분명 하느님이 주신 그 땅은 '약속의 땅'이 아니라 '야속한 땅'이었습니다.

바라보기만 하여도 목이 마른 불모의 땅, 지금도 인종적·종교적 분쟁과 갈등이 끊이지 않는 나라, 온갖 종파의 건물들이 어지럽게 늘어서서 저마다 각양각색의 예배 소리를 뿜어내고 있는 혼란스럽기만 한 도시 예루살렘. 하느님은 왜 구약의 이스라엘 백성에게 이곳을 "젖과 꿀이 흐르는 땅"신명 27,3이라고 했을까요?

순례 마지막 일정에 해방자 모세가 잠들어 있다는 느보 산에 올라 모세처럼 그 약속의 땅을 한참 동안 내려다보았

느보 산에서 본 가나안 땅
모세가 잠들어 있다는 느보
산에서 본 그곳은 '약속의
땅'이 아니라 '야속한 땅'이
었다. (사진: 박영봉)

습니다. 우리 일행이 순례했던, 아스라이 보이는 이스라엘 땅을 다시 바라보면서 순례지의 풍경들 하나하나가 마치 우리 내면의 자화상 같다는 생각을 했습니다.

참 신기하게도 누구나 예외 없이 저마다 가슴속에 자기만의 광야를 품고 살아가는 것 같습니다. 어떤 사람은 어두운 과거의 죄나 상처가, 어떤 사람은 나약함과 무능력이 자신의 광야가 되기도 합니다. 그래서 사람들은 자신의 광야에서 미아가 되어 헤매기도 하고, 불안과 고독 속에 몸부림치며 살아가기도 합니다. 그것은 마치 광야 한가운데 세워져 온갖 갈등과 분열에 휩싸여 있는 예루살렘 같다는 생각이 듭니다.

어쩌면 우리도 이런 내면의 광야를 하느님이 주신 약속의 땅으로 선물받았는지 모릅니다. 광야에는 늘 목마름과 갈망이 있기에, 그리고 갈등과 분열이 끊임없이 솟아오르기에 하느님은 오히려 우리 안의 이 약하고 험한 자리를 당신의 땅으로 삼으셨습니다. 그리고 주님은 우리들 광야 한가운데 자리 잡은 이 약속의 땅을 찾아오셔서 놀라운 주님 섭리와 은총의 장소로 바꾸어 놓으십니다. 그러기에 그곳이 바로 젖과 꿀이 흐르는 땅이 될 수 있고, 그 땅에서 우리는 진정한 생명수를 얻을 수 있습니다.

결국 우리들의 광야에 오실 주님을 깊이 만나는 날, 삶의 목마름도 끝날 것 같습니다. 아니, 세상 사람들이 품고 사는 광야가 하느님의 놀라운 섭리와 보살핌의 장소임을 깨닫는 날, 우리들의 자화상 이스라엘 땅에도, 나아가 지구촌 곳곳에도 평화가 깃들 것 같습니다.

지구의 반 바퀴를 돌아 다녀온 먼 순례의 길, 그 길은 결국 한 뼘 내 마음속에 있는 약속의 땅을 찾아 헤맨 순례 여정이었습니다. 그리고 그 여정은 지금도 계속되고 있습니다.

내

인생의

파스카

내
인
생
의
파
스
카

부활절에 막내 조카 영교에게 첫 봉급을 타면 엄마의 유골이 묻힌 산언덕에 나무 한 그루 심으라고 일렀습니다. 수목장樹木葬을 하기로 한 시가의 결정대로 누나의 유골은 고향마을이 내려다보이는 산언덕에 안장되었습니다. 봉분도 묘비도 없이 나무를 심을 자리에 꼬챙이 하나 세워놓고 산을 내려왔습니다. 57세의 나이로 선종한 누나는 흔적조차 찾기 어렵게 이렇게 한줌 재가 되어 묻혔습니다.

선종하기 전까지 누나는 2년 동안 투병 생활을 했습니다. 성탄 밤 미사를 준비하기 위해 분주하게 움직이던 저녁시간, 조카가 울먹이며 엄마가 폐암 4기 진단을 받았다고 전화를 걸어왔습니다. 성탄에 배달된 선물치고는 너무나도 가혹하고 충격적인 소식이어서 기쁨을 나누어야 할 성탄 밤 미사를 신자들 앞에서 애써 슬픔과 충격을 감추느라 땀을 함빡 흘리며 봉헌해야 했습니다.

참 많이도 울었습니다. 원래 눈물이 많은 편이지만 누나가 투병 생활을 하는 동안에도 이만큼 눈물을 흘린 적이 없었습니다. 혈육에 애착이 많거나 누나와 각별한 정을 나누면서 살았기 때문이 아니었습니다. 오히려 누나와 저는 각자 자기 삶을 사는 것이지 하며 무심하게 살아온 편입니다. 그런데도 이토록 슬픈 눈물을 흘렸던 것은 누나가 살아온 시간이 저에게 어떤 의미로 다가와 슬픔을 자극했기 때문입니다.

6·25 전쟁 후 모두가 가난하던 시절이라고는 하지만 저희 집은 유독 더 가난했던 것 같습니다. 아버지는 좋게 말하면 글이나 읊으며 하루하루 살아가는 욕심 없는 '풍류가' 같은 분이었지만 생활에는 지극히 무능하셔서 어머니가 그 가

누나의 수목장지에 심은 어
린 묘목 나무병원에 다니는
조카가 누나가 묻힌 그 자
리에 예쁜 나무 묘목 한 그
루를 심었다. (사진: 전원)

난을 온통 떠맡아야 했습니다. 밥 한 끼라도 덜어야 하는 이런 집안 살림에 또 딸로 태어난 누나는 부모님에게 반갑지 않은 자식이었습니다. 게다가 아들을 선호하는 분위기까지 겹쳐 누나는 어릴 때부터 항상 집안의 희생자였습니다. 막내아들로 태어난 저는 누나의 이런 희생을 먹고 별 어려움 없이 어린 시절을 보낸 것 같습니다.

가난한 노동자와 결혼한 누나는 결혼 후에도 편할 날이 없었습니다. 그런데도 독학으로 세상 사는 법을 배워서 참 멋지게 두 아들을 키워냈습니다. 요즘엔 우스갯소리로 '딸 둘을 두면 금메달이고 아들 둘을 두면 목 매달'이라고 하지만 두 조카는 어려운 환경 속에서도 누구보다 효성 깊은 밝고 맑은 청년으로 성장했습니다.

마침내 누나는 한 가정의 엄마로서 자식을 위한 의무를 거의 끝냈습니다. 예쁘고 착한 아들이 여자친구와 결혼식을 앞두고 있었고, 마지막 학년을 시작한 막내아들도 그동안 고생한 부모 호강을 시켜드리겠노라고 큰소리를 치고 있었습니다. 이제는 태어나서 한 번도 가져보지 못한 여유와 세상의 즐거움을 누릴 일만 남았습니다. 누나는 당연히 그 모든 것을 누려야 합니다. 그것이 세상의 공평한 이치입니다!

그런데 왜 어린이 같은 천성을 가진 순수한 누나가 죽음에 이르는 병에 걸렸는지요? 태어난 순간부터 지금까지 운명처럼 희생만 강요당하다가 무슨 죄로 또다시 이런 고통을 당해야 하는지요? 이제 막 자식을 다 키우고 생활의 여유를 누려야 할 시점에 어째서 신은 잔인하게도 누나에게 생의 즐거움을 누릴 조금의 여유조차 허락하지 않는지요? 제대로 살고 있지는 못해도 하느님께 봉헌된 사람인 성직자와 수도자가 있는 집안에서 어떻게 이렇게 온 가족을 슬픔으로 몰아넣는 일이 일어날 수 있는지요? 누나가 투병 생활을 하는 내내 하느님께 항의하는 듯한 이런 질문들이 제 마음을 떠나지 않았습니다.

병원에 있는 동안 누나와 참 많은 대화를 나누었습니다. 그런데 신기하게도 자식들을 키우느라 팍팍하게 살던 누나가 투병 생활을 하면서부터 오히려 평화로워지고 감사하고 있었습니다. 병이 깊어져 거의 절망적인 상황에 이르러서도 살아온 시간, 자신의 병고까지도 감사했습니다. 죽음을 며칠 앞두고 극심한 고통 중에 누나는 제게 이렇게 말했습니다.

"나는 내가 아픈 것이 오히려 감사하다. 자식이나 다른 가족이 이런 고통을 당하는 것보다 가족 중에 누군가 아파야 한다면 내가 아픈 것이 낫다. 그래서 감사해."

숨을 몰아쉬며 고통스러워하고 있는 누나가 그 순간부터 는 한 마리 '파스카 어린양'처럼 보였습니다. 못난 동생 사 제를 대신하는 속죄 제물처럼 보였고, 죽는 순간까지도 가 족을 위하는 번제물처럼 느껴졌습니다. 그 순간 제 마음속 에서 누나는 '무죄한 어린양'이 되었고, 누나의 영혼은 이미 하느님께 구원을 받았다는 확신이 들었습니다.

그때부터는 누나를 살려달라거나 누나의 영혼을 위로하 는 기도는 더는 나오지 않았습니다. 오히려 광야에서 이스 라엘 백성이 속죄 예식을 올린 것레위 16,20처럼 임종을 앞둔 누나 앞에서 저 자신과 이웃을 위한 기도를 바치고 있었습 니다. 제가 살아온 지난 시간 온갖 허물과 잘못이 누나의 고 통과 함께 봉헌되기를, 주변의 많은 사람들의 병고와 어려 움을 누나의 희생으로 거두어가 주시기를 기도했습니다. 혈 육을 떠나보내는 우리 가족의 슬픔 또한 제가 사목자로서 만난 수많은 사람의 슬픔을 대신하는 봉헌처럼 느껴졌습니 다. 저는 하느님께로 떠나는 누나를 제물 삼아 작은 성체성 사를 거행하고 있었던 것입니다.

사순절이 막 시작되던 날 누나는 참으로 복되게 선종하

였습니다. 하늘의 슬픔인지 축복인지 모를 함박눈이 누나가 임종하는 순간 잠시 평평 내렸습니다. 남편과 아들, 조카 들과 동생들의 기도와 애틋한 사랑 고백을 들으며 누나는 하늘나라로 떠났습니다. 누나를 위해 늘 기도해 주던 성모꽃마을 임종자를 돕는 봉사자가 누나가 떠나면서 남긴 마지막 말을 전해주었습니다.

"세상에 사는 동안 아름답고 행복했다. 모두에게 감사한다. 성모님께서 나를 데려가신다. 평화롭다!"

누나는 투병하는 동안 육신은 고통받았지만 인생에 소중한 모든 선물을 다 받았습니다. 착하고 순한 남편의 보살핌, 두 아들과 며느리의 지극한 효성, 조카들과 형제들의 사랑, 온 가족이 드리는 간절한 기도…. 그리고 어린이처럼 천진한 믿음을 가진 누나는 죽음마저도 아무런 두려움 없이 평화롭게 받아들였습니다. 사람들에게는 그저 보잘것없는 초라한 장례에 불과해 보였겠지만, 세상 것을 다 누리고 산 사람보다 훨씬 복되게 누나는 소박한 인생에서만 만날 수 있는 참 행복, 참 아름다움, 참 평화를 누리고 떠난 것입니다. 누나는 한 가정의 번제물이었지만 누나가 마지막 남긴 말처럼, 하느님께서는 우리 인생 최고의 선물인 참 기쁨과 참 평화를 선사했습니다. 누나의 장례식으로 저의 가슴속에 갑갑하게 맺혀있던 하느님을 향한 억울한 질문들도 눈 녹듯 사라졌습니다. 누나를 향한 저의 눈물도 멎었습니다.

부활절, 나무병원에 취직한 조카 영교는 누나가 묻힌 그 자리에 예쁜 나무 한 그루를 심었습니다. 더 이상 슬픔도 고통도 없는, 오로지 생명만을 누리는 한 그루 나무, 그 나무가 누나가 사는 평화와 행복의 하늘나라를 전해줄 것입니다. 2010년 성탄에서 2013년 부활까지 우리 가족이 드린 파스카 예식이 고통받는 이들에게 작은 축복과 위로가 되길 바랍니다.

어
떻
게

살
았
는
가

제가 사목하던 본당에는 유독 고령의 노인들이 많아서 평균
한 달에 한 번은 장례미사를 드렸습니다. 장례미사가 늘 그
렇듯, 슬픔에 젖은 유족들을 바라보는 것만으로도 미사 집
전자의 마음은 무겁고 침울해집니다. 고별식이 끝나고 제
단에 우두커니 서서 성당을 마지막으로 떠나는 고인의 장례
행렬을 바라볼 때마다 텅 빈 공허감이 가슴을 쓸고 지나갑
니다. 비록 고인과 인연이 깊지 않았어도 누군가 세상에 빈

자리를 남기고 훌쩍 떠나는 일 그 자체가 슬픔을 줍니다.

죽음이란 도대체 무엇이기에 이렇게 슬픔을 동반하는지요? 왜 우리는 세상에 왔다가 두렵고 음침한 죽음의 길을 가야만 하는지요? 내가 살아온 시간, 생전에 이룬 업적, 사랑하는 사람, 그 모든 것을 원점으로 돌려놓는 죽음의 정체는 도대체 무엇인지요?

죽음 앞에서 인간은 누구나 살아온 모든 것을 내려놓고 오로지 홀로 그 미지의 세계, 캄캄하고 어둡게만 느껴지는 죽음의 강을 건너야 합니다. 그곳이 어떤지, 그곳에는 무엇이 기다리고 있는지 모릅니다. 동서고금의 수많은 책과 글이 죽음을 이야기하고 있지만 속 시원한 대답을 들려주지 못하고 있습니다. 셰익스피어의 「햄릿」에 등장하는 표현처럼 죽음의 세계는 그 누구도 되돌아와서 설명할 수 없는 '발견되지 않는 땅'일 뿐입니다.

엘리자베스 퀴블러 로스Elisabeth Kübler-Ross, 1926-2004는 일생 동안 죽음을 연구한 사람입니다. 어린 시절 아버지의 친구가 나무에서 떨어져 죽는 충격적인 장면을 목격하고 일찍부터 죽음에 관심을 가지기 시작했습니다. 그는 수많은 말기 환자와 임사臨死 상태에 있다가 살아난 사람을 관찰하고 연구하면서 죽음에 관해 많은 저술을 남겼습니다.

그중 말년에 이르러 쓴 자전적 에세이 「생의 수레바퀴」는 그의 인생의 결론과 같은 것으로 삶과 죽음에 대한 메시지를 담고 있습니다. 이 책에서 그는 이렇게 말합니다.

"사람들은 나를 죽음의 여의사라 부른다. 30년 이상 죽음과 죽음 이후의 삶에 대해 연구해 왔기 때문에 나를 죽음의 전문가로 믿는 것이다. 그러나 그들은 정말로 중요한 것을 놓치고 있는 것 같다. 내 연구의 가장 본질적이며 중요한 핵심은 삶이 중요하다는 것이다."

퀴블러 로스가 일생을 바쳐 죽음을 연구하고 깨달은 결론은 '죽음은 삶과 깊은 관계를 맺고 있다.'는 것입니다. 죽음이 있기에 삶이 소중하고 삶이 있기에 죽음은 의미를 갖게 된다는 것이지요. 결국 죽음의 궁극적 물음은 '어떻게 살았는가?'로 모아집니다. 그 대답의 핵심은 우리 인생의 가장 소중한 가치는 '사랑'이라는 사실입니다. 죽음은 우리 삶 속에서 사랑의 소중한 가치를 드러내고, 자기 희생을 동반하는 사랑은 우리 삶 속에서 죽음의 의미를 깨닫게 합니다.

요한복음에서 의심 많은 토마스가 예수님을 만나는 장면은 우리에게 잘 알려진 내용입니다. 제자들이 모인 자리에 함께하지 않아서 부활한 주님을 만나지 못한 그는 부활하신 예수님에 대해 '손과 발의 못자국과 옆구리의 상처를 확인하지 않고는 결코 믿지 않겠다.'요한 20,25고 소리칩니다. 그가 굳이 예수님의 얼굴이 아니라 상처를 보아야겠다고 했던 것은 십자가에 못 박혀 당신 자신을 온전히 희생하신 예수님의 사랑을 확인하고 싶었기 때문일 것입니다. 결국 토마스는 예수님의 십자가 상흔을 확인하고 그 엄청난 사랑 앞에 "저의 주님, 저의 하느님!"요한 20,28 하고 무너져 내립니다. 닫혔던 마음이 열려, 보지 못했던 참된 스승의 실상을 깨닫는 순간입니다.

예수님이 십자가에서 받은 상처를 고스란히 안고 부활하신 것은 예수님의 생애 동안 보여준 사랑과 십자가 희생, 그리고 부활이 하나의 얼굴임을 드러내는 것입니다. 공생활 내내 온전히 자신을 내어준 예수님의 사랑 안에 이미 부활이 있고, 그 부활 안에 예수님의 생애와 십자가의 희생이 고스란히 담겨있습니다. 부활은 닫힌 마음으로는 도저히 이해할 수도 알아볼 수도 없었던 예수님의 생애가 한꺼번에 의미를 드러내는 사건이었습니다.

이렇게 보면 죽음은 우리 모두에게 슬프고 절망스런 순간이지만 사실 토마스에게 그랬던 것처럼 하느님 사랑의 얼굴을 만나는 순간이 될 것입니다. 이기심과 독선, 무정함, 가면을 쓰고 살아온 뻔뻔함…, 이런 모습의 우리를 일생 동안 품어주셨던 용서와 사랑과 자비의 주님을 만나는 시간이 될 것입니다. 그 무한한 사랑의 주님 앞에서 내가 지니고 살아온 모든 허상은 통회의 아픔과 함께 한꺼번에 허물어져 내리고, 오로지 "저의 주님, 저의 하느님!" 하고 부르짖는 가장 진실하고 참된 본래의 나의 모습과 마주하는 순간이 될 것입니다. 그 얼굴은 지상에서 보여주고 살아야 했을 진정한 나의 얼굴인 동시에 나를 받아주시는 부활하신 주님의 얼굴일 것입니다.

그러기에 예수님께서 "누구든지 내 뒤를 따르려면 자신을 버리고 제 십자가를 지고 나를 따라야 한다."마르 8,34라고 하셨듯, 살아가는 동안 내가 운명처럼 지고 살았던 십자가는 나의 구원의 도구입니다. 살아가면서 받은 숱한 상처와 아픔은 토마스에게 보여주신 부활한 예수님의 십자가 그 사랑의 흔적이 됩니다.

제가 만일 그림을 잘 그릴 수 있어서 예수님 얼굴을 그릴 수 있다면, 성화에서 본 예수님 얼굴이 아니라 저의 자화상을 그릴 것만 같습니다. 가장 선하고 순결한 모습, 누군가를 깊이 용서하고 사랑하는 저의 얼굴을 그리고 싶습니다. 그 얼굴은 죽음 후에 만나 저에게 똑같이 용서와 자비, 그리고 사랑을 베푸는 예수님의 얼굴이 될 것 같습니다.

앞으로도 영혼을 하늘로 보내드리는 일은 계속될 것입니다. 그리고 슬픔에 젖은 유족들을 수없이 계속 마주하게 되겠지요. 그때마다 저는 퀴블러 로스가 전했던 것처럼 죽음은 삶을 위해 있다고 말해주고 싶습니다. 삶 속에 죽음이 기다리고 있어서 슬프고 고통스러운 것이 아니라, 삶 속에 있는 그 죽음의 정체를 깨닫지 못해서 더 슬프고 고통스러운 것이라고 말씀드리겠습니다. 죽음의 본래 얼굴은 바로 '사랑'이기 때문입니다.

행
복
한　죽
음

열다섯의 어린 나이에 백혈병으로 세상을 떠난 조엔은 아직
도 저의 기억 속에 남아있는 예쁜 소녀입니다. 캐나다 토론
토에서 공부하던 시절, 저는 주일이면 토론토 북쪽에 있는
아름다운 호반 도시 베리로 한국 교포 신자들의 미사를 도우
러 가곤 했습니다. 이 작은 한적한 도시에 사는 교포들은 대
부분 가게를 열고 수도자처럼 매일매일 같은 삶을 반복하며
평화롭게 지내고 있었습니다. 조엔도 베리에서 평온한 삶을

살고 있었습니다. 백혈병이라는 판정을 받기 전까지는요.

조엔의 발병 소식에 부모는 물론 학교 친구, 마을 사람 모두가 큰 슬픔에 휩싸였습니다. 사람들이 많지 않은 도시라 온 마을 사람들이 간절하게 기도했지만 발병한 지 1년이 채 안 되어, 더 이상 병고가 없는 세상을 꿈꾼다는 일기를 남기고 조엔은 하느님 품으로 갔습니다. 자식의 죽음은 땅에 묻는 것이 아니라 부모의 가슴에 묻는다고 했듯, 참척慘慽의 고통을 안고 딸을 땅에 묻어야 하는 부모의 아픔을 저는 보았습니다.

언젠가 이별할 날을 위해 선물했던 장미꽃향 빨간 묵주를 손에 감은 채 조엔은 평안하게 하늘나라로 갔습니다. 마법에 걸린 공주처럼 죽음의 깊은 잠에 빠진 조엔의 평화로운 모습이 이미 하늘나라에 도착하여 달콤한 휴식을 취하고 있는 듯 보였습니다.

그날 장례미사 강론에서 조엔을 사랑해서 그곳에 모인 유족들과 그 친구들에게 저는 '하느님 나라가 있다!'라고 선포하였습니다. 조엔은 부모의 애절한 사랑 안에, 친구들의 눈물 어린 우정 안에, 사람들의 기도와 정성 안에 죽지 않고 살아있었습니다. 하느님 나라는 '하루가 천 년과 같고 천 년이 하루와 같기에'2베드 3,8 그 나라 안에서 조엔이 그토록 사랑하는 부모와 친구가 함께하고 있음을 전해주었습니다. 하느님 나라는 사랑의 관계 안에 있기 때문입니다.

조엔은 가장 순결한 나이, 세속의 때가 묻기 전 바로 그 경계선의 나이에 하느님께로 갔습니다. 사랑하는 이를 떠나보내는 아픔은 이루 말할 수 없겠지만, 단순히 죽음만 놓고 보면 조엔은 가장 행복한 죽음을 맞이했는지도 모릅니다. 조엔은 가장 진실한 삶의 순간에 하느님을 만났습니다. 가족들의 사랑, 친구들의 우정, 사람들의 기도를 안고 하느님 앞에 나아갔습니다. 가장 순수한 나이에 하느님 앞에 섰기에 복잡한 인생의 물음도 삶의 심판도 필요하지 않아 보였습니다. 조엔의 죽음은 부모의 애틋한 사랑에서 더 큰 하느님의 사랑으로 옮겨간 사건일 뿐이었습니다. 짧은 시간 동안 조엔이 세상에서 만난 사람들과 나눈 사랑만이 하늘나라에서 누릴 유일한 추억이 되었습니다.

조엔의 아름다운 죽음을 이야기하다 보니 천상병 시인이 생각납니다. 가난하지만 맑고 순수하게 평생을 살다 간 천상병 시인은 삶을 '소풍'이라고 이해했습니다. 한 사발의 막걸리가 있고, 시가 있고, 친구가 있어 행복하다는 그는 지구라는 별에 소풍을 왔다가 '새벽빛 와 닿으면 스러지는 이슬

더불어 손에 손잡고' 하늘나라로 돌아가 천상의 시인이 된 분입니다. 그분처럼 세상의 삶을 소풍으로 이해하면 참 행복해집니다. 우리는 저 먼 하늘로부터 아름다운 지구별에 소풍을 와서 좋은 사람들을 만나 멋진 여행을 계속하고 있습니다. 낙엽 지는 숲과 강, 바람, 비, 구름, 밤하늘의 별, 계절의 변화…, 지구별의 눈 내리는 풍경도 비 내리는 풍경도 얼마나 아름다운지요.

세상에서 겪는 삶의 고통도 슬픔도 시간의 흐름 속에서는 추억의 이름으로 아름답게 내 삶을 수놓을 뿐입니다. 지구별에 소풍 온 시간은 어느 것 하나 버릴 것이 없습니다. 점점이 찍힌 내 인생의 사건들, 운명처럼 다가왔던 이해할 수 없는 만남들까지 그 무엇도 소중하지 않은 것이 없습니다. 모든 것은 하늘나라로 가져갈 추억의 소품들입니다.

소풍이 끝난 후 집으로 돌아가 즐거운 시간을 추억하듯, 지구별에서 소풍이 끝나고 돌아갈 하늘나라는 내가 세상에서 품고 간 그 아름다움을 사는 시간이 될 것입니다. 내가 세상에서 나눈 사랑의 기억들은 조엔이 건너간 그 하늘나라에서는 이 지상에서 했던 사랑을 영원히 사는 시간이 될 것입니다.

죽을 때 후회하는 것

알고 지내는 한 수녀님의 노부모님은 일흔을 훌쩍 넘기고
북한산 기슭 한 조그만 아파트에서 조용히 만년을 보내고
계십니다. 젊은 시절부터 오르내리던 북한산을 좋아해서 커
다란 산수화를 걸어놓은 듯 뒤켠 창문 가득 북한산의 풍경
이 보이는 곳에 만년의 터를 잡으신 겁니다. 일찍이 두 딸을
모두 수녀원에 보내고, 그곳에서 산을 오르고 기도하며 수
도자처럼 살고 계십니다.

가끔씩 수녀님에게서 부모님의 삶의 이야기를 들었습니다. 평생을 하루처럼 흐트러짐도 욕심도 없이 살아오셨다는 아버지, 세간에 이름이 오르내리는 유명한 화가는 아니어도 평생을 그림을 그리며 살아오신 어머니, 수녀님은 이런 부모님을 가장 존경하고 있다고 말합니다.

수녀님과 오랜만에 통화하는 중에 아버지가 미리 써 넘겨주셨다는 유서의 내용을 들었습니다. 음악을 틀어놓고 북한산을 바라보며 죽음을 맞이하고 싶다, 세상을 떠나면 북한산이 보이는 곳에 유골을 뿌리거나 여의치 않으면 선산 전나무 밑에 묻어달라는 내용이었습니다. 인생에 아무런 미련도 없음을, 죽음은 자연의 섭리임을 이야기하며, 딸들에게 아름다운 삶을 살아줄 것을 당부하는 말로 유서는 끝을 맺고 있었습니다. 인생의 숙제를 미리 다 해놓고 하느님께 돌아가 검사받을 일만 기다리는 사람처럼, 마지막 순간까지도 주변을 꼼꼼하게 챙겨놓고 사는 그 모습에서 평생 살아온 삶이 어떠했는지를 엿볼 수 있습니다.

언젠가 수녀님의 부모님과 반주를 겸한 식사를 함께한 적이 있었습니다. 그때 저는 느닷없이 '인생은 무엇이라고 생각하시느냐'고 물었습니다. 인생의 황혼기에 이르신 어르신을 만나면 꼭 한번 물어보고 싶은 질문이었습니다. 그분은 준비라도 해놓은 듯 '인생은 구름 같은 것이다.'라고 말씀하였습니다. 사람들로부터 푸념처럼 자주 듣는, 인생의 허무를 이야기하는 흔한 대답이라고 할 수도 있지만, 그 말씀은 왠지 더 깊은 어떤 의미를 담고 저의 마음속을 맴돌았습니다.

놀 거리가 많지 않던 어린 시절, 언덕배기에서 혼자 팔베개를 하고 누워 온종일 하늘의 구름을 보는 것이 큰 즐거움이었습니다. 무성영화의 필름이 돌아가듯 어디선가 뭉게뭉게 구름이 솟아올라 끝없이 흘러가는 모습을 보면서, 혼자서 이런저런 상상을 하며 이야기를 만들어 내곤 했습니다. 때론 전차군단이 어딘가를 공격하기 위해 무리 지어 가는 모습이다가, 이내 평화로이 들판에 서있는 양 떼의 모습이 되기도 합니다. 천사가 날갯짓을 하며 날아가는 모습이 되기도 하고, 성난 군사의 얼굴로 바뀌기도 합니다. 하늘을 두둥실 떠가는 구름은 이렇게 숱한 장면을 연출하면서 끊임없이 내 마음속 이야기를 끄집어내어 주었습니다.

구름은 지금도 지구촌 어디엔가에서 팔베개를 하고 누워 하늘을 보고 있을 누군가의 이야기가 되어주고 있습니다. 후두둑 떨어지는 빗방울이 되어 대지 위 생명의 목마름을 적셔주기도 하고, 굽이굽이 산 아래로 내려앉아 한 폭의 동양화가 되기도 합니다. 그리고 해 지는 서녘으로 몰려가 아름다운 저녁노을이 되기도 합니다. 구름은 이렇게 공기의 흐름에 실려 하늘과 맞닿은 저편 산과 바다와 나무와 호수와 어우러지며 아름다운 풍경을 시시로 선사하고 수명을 다하면 흩어져 하늘이 됩니다.

인생이 구름 같다는 말은 구름의 허무함보다는 공기의 흐름에 따라 공중에 작은 물방울이 모이고 흩어지며 숱한 모양을 만들어 내는 일을 빗대고 있는지도 모릅니다. 우리 인생도 구름처럼 시시로 다가온 삶의 환경에 따라 모양 지어져 왔음을 이야기하는 듯합니다. 내 힘과 의지로 살아왔다고 생각하지만, 결국은 운명처럼 보이지 않는 힘에 의해 지금껏 살아왔음을 깨달은 고백 같습니다. 젊은 시절 가슴에 품은 인생의 꿈은 구름이 흩어지듯 간데없지만, 인생은 덧없는 것이 아니라 그 너머 더 깊은 의미가 있는 것임을 전해주는 것 같습니다.

오래전에 보았던 〈홀랜드 오퍼스〉라는 영화가 생각납니다. 영화의 주인공 홀랜드는 인생에 남을 만한 위대한 교향

곡을 완성하고 싶어 하는 작곡가입니다. 그래서 생계를 해결하면서 시간적으로 여유도 있는 직업을 찾아 고등학교 음악교사가 됩니다. 하지만 그가 만난 것은 빡빡한 수업과 구제불능의 학생들이 모인 오케스트라뿐이었습니다. 그는 교사로서의 책무를 다하는 데 온통 시간을 보내게 됩니다. 결국 위대한 작곡가의 꿈을 이루기 위해 택했던 생계의 길은 점점 아이들이 음악을 사랑하도록 열성과 정성을 다하는 교사의 길로 변해갑니다.

세월은 어느덧 자신의 꿈과 목적과는 다르게 흘러 홀랜드 선생은 인생에 뜻했던 바는 아무것도 이룬 것 없이 퇴임의 순간을 맞이합니다. 30년 동안의 교직 생활을 마감하고 학교를 떠나는 날, 수십 년 동안 그를 거쳐 간 제자들이 깜짝 이벤트로 오케스트라를 꾸려 무대 위에 홀연히 나타납니다. 환호와 박수갈채를 보내며 홀랜드 선생을 맞이한 제자들은 '당신을 거쳐 간 우리들이 바로 당신의 교향곡'이라며 그의 손에 지휘봉을 쥐어줍니다. 그리고 그의 지휘 아래 홀랜드 선생의 초기 작품을 연주하면서 영화는 끝이 납니다.

살면서 홀랜드 선생처럼 자기 생각과 뜻대로 삶이 흘러가고 있지 않음을 경험하는 일이 많습니다. 문학가라면 세상에 길이 남을 글을 쓰고 싶을 것이고, 화가라면 모든 이로부터 사랑받는 작품을 남기고 싶을 것입니다. 그러나 산다는 것은 바람결을 타고 있는 한 점 구름 같아서 자신의 꿈과 의지와는 관계없이 처한 환경에 끊임없이 이끌려 갈 뿐입니다.

사회학자 토니 캠폴로Tony Campolo는 "모든 인간은 죽음 앞에 섰을 때 이루지 못한 업적을 바라보며 후회하는 것이 아니라 바르게 살고 사랑하지 못했음을 후회한다."고 했습니다. 우리는 이름도 흔적도 없이 사라지지만, 그렇다고 해서 우리 인생이 헛되고 무의미한 것이 아닙니다. 하느님의 섭리 속에 한 점 구름이 되어 변화무쌍하게 세상의 아름다운 풍경을 만들다가 그분께로 돌아갈 뿐입니다. 다만 우리 삶에 중요한 것은 각자의 자리에서 지휘자이신 하느님을 바라보며 올바르게 자기 삶을 연주하는 데 있습니다. 올바르게 사랑하며 사는 동안 영화 속 홀랜드 선생의 제자들처럼 인생의 아름다운 교향곡이 탄생합니다.

소박한 아파트에서 아름다운 만년을 보내고 계신 수녀님의 노부모님에게서 홀랜드 선생의 얼굴을 봅니다. 하루하루 성실히 삶을 엮어가는 이 땅의 모든 사람에게서도 그 얼굴을 봅니다. 하느님의 섭리 속에서 한 점 구름처럼 두둥실 빈 마음으로 살아가는 사람들, 당신들이야말로 가장 멋진 〈하느님의 작품〉God's Opus입니다.

국
화
꽃

신
부

"형, 오늘 우리 성당 마당에 까치 두 마리 놀다가 갔어!"

'국화꽃 신부'로 널리 알려진 전숭규 아오스딩 신부1962-
2013가 시골 성당에 부임해서 전화로 저에게 던진 첫마디입
니다. 그는 서울대교구에서 의정부교구가 분할되자 마치 기
다렸다는 듯이 휴전선이 가까운 연천의 시골 본당에 자청해
서 갔습니다. 하루 종일을 기다려야 한 사람도 보기 어렵고
까치 몇 마리만 겨우 놀다 가는 적막한 시골 성당에서 처음

에는 무엇을 해야 할지 무척 당혹스러웠다고 했습니다. 인구가 많지 않은 아주 작은 도시였지만, 그곳 사람들은 어디에 성당이 있는지도 모를 정도로 신앙에는 무관심했습니다.

어떻게 하면 사람들에게 성당을 알릴 수 있을까 고민하던 중 아오스딩 신부는 우연히 국화꽃을 키우던 신자를 만났습니다. 그때부터 그는 본당을 작은 하늘나라 같은 형형색색의 국화꽃 세상으로 만들어 나갔습니다. 해마다 국화꽃 전시회가 열리면서 수많은 사람들이 모여들었고, 수년의 세월이 흐르면서 마침내 연천 성당은 국화꽃으로 지역의 명소가 되었습니다.

그러던 어느 날 아오스딩 신부가 병원 응급실로 이송되었다는 전갈이 왔습니다. 평소 지병으로 앓던 간염이 암으로 발전하여 위독하다는 것입니다. 그 순간 그가 다시 일어나지 못할 것 같은 불길한 예감이 들었습니다. 아름다운 장미가 가장 먼저 꺾여 제단에 바쳐진다고 했지요. 아름다운 영혼을 가진 사제가 가장 아름다운 모습일 때 제단에 바쳐질 수 있다는 생각이 들었습니다. 결국 아오스딩 신부는 현대 의술로는 치료할 수 없다는 의사의 판정을 받았습니다. 그는 죽음을 앞둔 투병 생활을 시작했고, 그를 사랑하는 동료 사제와 신자는 모두 깊은 슬픔에 빠졌습니다.

절대적으로 안정해야 하는 상태여서 한참이 지나서야 병원에 가서 그를 만날 수 있었습니다. 우리는 눈물을 흘리며 한참 동안 두런두런 살아온 이야기를 나누었습니다. 그때 그가 작은 소망을 혼잣말처럼 저에게 이야기했습니다.

"주님이 두 달이라도 일어날 힘을 주시면 좋겠어."

"그러면 뭐가 하고 싶어?"

"전국 곳곳을 돌아다니며 열심히 일하며 살아가는 사람들의 모습을 보고 싶어. 그리고 막 시작한 야생화 꽃밭을 제대로 만들어 놓고, 올해 피울 국화꽃을 손질해 놓고 가고 싶어."

그에게는 살아온 시간에 대한 후회도 회한도 없었습니다. 죽음 앞에서 가진 그의 소박한 바람은 그저 세상에 살아가는 사람들을 바라보는 것, 자신이 일구어 온 일을 잘 마무리하는 것이었습니다.

저는 그에게 다시 물었습니다.

"지금 이 순간 무엇이 가장 두려워?"

그런데 그의 대답은 머지않아 닥칠 죽음에 대한 공포도 하느님 앞에 서게 될 두려움도 아니었습니다.

"내 고통이 점차 심해져서 하느님마저도 배신하고 원망

국화꽃 신부 전숭규 아오스
딩 신부는 신앙에 대한 관
심을 키우기 위해 연천 성
당을 국화꽃 세상으로 정성
껏 가꾸었다. 이제 연천 성
당은 지역의 명소가 되었
고, 아오스딩 신부의 유작
이 되었다. (사진 제공: 연
천 성당 네이버카페)

할까 두려워….”

　생의 마지막 순간 고통 속에서 혹시라도 그분을 배신한다
면 주님을 믿고 따른 지금까지의 삶이 물거품이 될까 두려웠
던 것입니다. 설령 견딜 수 없는 죽음의 고통 속에서 하느님
을 원망한들, 하느님께서 그가 살아온 소중한 삶을 제로로 만
드실 리야 있겠습니까? 그럼에도 마지막 순간까지 하느님을
놓치지 않으려는 한 사제의 치열한 몸부림이 가슴 아프게
전해져 왔습니다.

　소설가 이동하의 〈시인과 농부〉라는 글에 이런 구절이 있
지요.

　“생의 끝자락에서 저 도저한 허무 앞에 어떻게 맞설 것인
가, 시인은 인간의 근원적 비극을 노래함으로써, 농부는 잡
초 무성한 땅에 씨를 뿌리고 가꿈으로써 그것을 극복한다.
농부에게 파종은 미래의 기약이면서 강력한 자기 존재 증명
인 것이다.”

　그렇다면 사제는 죽음 앞에 닥쳐오는 허무와 고통 앞에서
하느님을 놓치지 않으려는 치열함과 의연함으로 자기 존재
를 증명한다고 할 수 있겠지요. 아오스딩 신부는 이런 사제
의 모습을 마지막 순간까지 잃지 않았습니다.

예수님 수난 성금요일, 아오스딩 신부가 위독하다는 전갈을 받고 다시 병원으로 달려갔습니다. 그를 사랑하는 사람들이 마지막 작별인사를 하려고 연신 병실을 들락거립니다. 수많은 죽음을 목격한 한 의사가 이런 말을 했다지요.

　　"인간에게 마지막 순간에 필요한 것은 사랑하는 사람의 손입니다."

　　저는 시간이 허락하는 한 오랫동안 아오스딩 신부의 손을 꼭 잡고 있었습니다. 그것은 단순히 나의 마지막 우정과 사랑을 표현하는 것만이 아니었습니다. 그가 살아온 인생, 추구했던 사제의 삶을 사랑한다는 저의 묵시적 고백이었습니다. 또한 제가 살지 못하는 삶을 짧지만 아름답게 산 한 사제에 대한 고마움의 표현이기도 했습니다. 아오스딩 신부는 늘 저를 형이라고 불렀지만, 사실 맑고 아름다운 그의 삶 자체로 저의 멘토였고 스승이었습니다.

　　손을 잡고 있다가 아오스딩 신부의 의식이 돌아오면 다시 대화를 나누었습니다. 그가 투정하듯 저에게 시간이 가지 않는다고 불평합니다. '무슨 시간을 기다리느냐'고 묻자 그는 '하느님께 갈 시간'을 기다린다고 했습니다. 제가 다시 물었습니다. 하느님 앞에 갈 준비가 다 되었느냐고⋯. 그는 고개를 끄덕입니다. 아오스딩 신부가 기다린 시간, 그 시간은 주님께서 부활하신 바로 그 시간이었습니다. 그는 부활절 새벽 아름답게 선종하였습니다.

꽃은 안에 숨겨진 가장 아름다운 비밀을 드러내서 아름다운 것이라 합니다. 그래서 대부분의 꽃이 제 나름대로 아름다운 꽃말을 가지고 있다고 합니다. 아오스딩 신부가 그토록 좋아했던 국화의 꽃말은 '성실, 정조, 고귀, 진실'입니다. 꽃말은 그대로 그의 삶이었습니다. 그는 자신이 피운 국화꽃이 되어 떠났습니다.

사람 안에도 가장 아름다운 비밀이 숨겨져 있습니다. 이 비밀을 드러내고 살 때 사람은 꽃이 됩니다. 그 비밀이란 우리 안에 새겨진 하느님의 얼굴입니다. 삶을 통해 그분의 선함과 사랑의 얼굴이 드러나면 우리도 꽃처럼 아름다워집니다. 그러면 지상에서의 우리 삶은 하늘나라가 됩니다. 바오로 사도가 "우리는 살든지 죽든지 주님의 것입니다."로마 14,8 라고 말씀하셨던 것처럼 온전히 자신을 통해 하느님의 아름다움을 드러내고 살면 그 안에는 삶과 죽음의 구별이 있을 수 없습니다. 삶이 아름다우면 죽음도 아름다운 이유입니다. 아오스딩 신부는 그 비밀을 우리에게 알려주었습니다.

해마다 국화꽃 만발하는 가을이면 국화꽃 향기로 다가오는 사랑하는 아오스딩 신부를 만날 것입니다. 그리고 위령 성월이면 함께 사제의 길을 걸었던 멋진 친구, 아름다운 동료 사제가 있었음을 기억할 것입니다. 또한 제 인생에 한아름 국화꽃 같은 소중한 선물을 안겨주신 하느님께 감사할 것입니다.

그
자
체
로
　신
　비
　롭
　고
아
름
다
운

며칠 전 성경을 뒤적이는데 낙엽 하나가 책갈피에서 팔랑이
며 떨어져 나왔습니다. 나뭇잎을 책갈피에 꽂아둘 만큼 소
녀 감수성이 있는 것도 아닌데, 벌레 먹고 바람에 찢긴 낙엽
하나를 두툼한 영어 성경 속에 오랫동안 묻어두고 있는 데
에는 그럴 만한 이유가 있습니다.

　오래전 저는 캐나다의 작은 마을 겔프에 있는 아름다운
피정의 집에서 10월 초순부터 11월 중순에 걸쳐 40일간의

긴 피정을 한 적이 있습니다. 캐나다의 광활한 대지 한가운데 덩그러니 서있는 그 피정집에서 저는 하루하루 깊어지는 계절을 지켜보며 대침묵 피정을 하고 있었습니다.

대지 저편 지평선을 넘어가는 석양을 보기 위해 저녁 시간이 되면 어김없이 초원을 거닐며 산책을 했습니다. 가을이 깊어갈수록 푸르른 빛을 잃어가는 초원의 저녁 풍경하며 하루하루 붉은빛을 더해가는 나뭇잎을 바라보는 것으로 하루의 숙제를 끝내듯 낮 시간을 마무리했습니다. 지구의 반대편 외딴 피정집에서 만난 이런 대자연의 풍경은, 불치의 병으로 생의 마지막을 살아가는 사람들이 그러하듯, 평소에는 별로 생각하지 않던 삶과 죽음의 의미를 끊임없이 묻게 했습니다.

인간이면 누구나 예외 없이 최종적으로 직면해야 할 문제는 죽음입니다. 불행하게도 인간의 미래에 기다리고 있는 것은 찬란한 행복이 아니라, 늙고 병들어 결국은 죽어야 하는 운명입니다. 세상에서 잘난 듯 화려하게 부귀영화를 누리며 살던 사람도 한낱 병들고 쇠약해진 몸이 되어 어두운 죽음의 길을 홀로 걸어가야 합니다. 아무리 외면하고 거부해도 죽음은 우리 삶의 최종 목적지입니다. 피정을 하는 동안, 삶의 의미에 대한 묵상은 결국 죽음에 대한 물음으로 저를 데리고 갔습니다. 저는 피정 내내 가슴에 통증까지 겹치면서 죽음의 문제와 몸서리치는 싸움을 해야 했습니다.

신앙에 투신한 사제는 죽음을 초연하게 맞이하리라 사람들은 생각할지 모르지만, 적어도 저에게만은 죽음은 늘 두렵고 외면하고픈 얼굴입니다. 육신의 고통과 숨 막힘에 몸부림치는 죽음의 순간을 관상하면서, 피할 수 없는 인간 존재의 허무를 실감했습니다. 죽음 앞에서 삶의 업적이라 여겨지던 온갖 것과 살아온 흔적이 무의미한 환상으로 일거에 무너져 내리고 있었습니다. 그 자리에는 오직 나 자신의 지독한 독선과 이기심만이 부끄럽게 얼굴을 내밀고 있었습니다.

그런 부끄러운 얼굴을 하고 가기에 죽음의 길은 너무나 낯설고 숨 막히는 길이었습니다. 결국 저는 시간의 저편 미지의 세계를 향한 죽음의 길목에서 애타게 주님을 부르며 용서와 자비를 청하는 가련한 자신을 보았습니다. 인생에서 가장 중요한 것은 오로지 주님밖에 없다는 것, 주님을 놓치면 그 무엇으로도 이런 낯설고 어두운 죽음의 길을 갈 수 없다는, 너무나 당연한 신앙 고백을 저는 되뇌고 있었습니다.

11월이 되자 나뭇잎이 붉게 물들다 못해 바람결에 우수

성경에 꽂아둔 벌레 먹은
낙엽 썩고 벌레 먹고 바람
에 찢긴 낙엽. 그 아름다운
생명의 윤회를 묵상하면 삶
도 죽음도 두렵지 않다.
(사진: 전원)

수 떨어졌습니다. 겨울나기를 준비하는 나무를 바라보며 저는 이런 질문을 계속하였습니다. 하느님은 왜 이렇게 이 땅에 끊임없이 인간 생명을 뿌려놓고 거두어들이기를 계속하시는지, 계절의 변화처럼 젊음의 기쁨도 잠시, 곧 늙고 병들어 죽어가는 인간 존재의 처절한 삶의 고통을 하느님은 아시는지, 인간 생명이 태어나고 사라지는 끊임없는 윤회는 무엇을 말하는지, 그리고 역사 속에 한 점, 한순간으로 왔다가 가는 나의 존재는 도대체 무슨 의미가 있는지?

생각해 보면 역사란 수백, 수천만 년의 수명을 가진 거대한 나무 같습니다. 시대의 풍상을 겪으며 썩고 잘려나간 상처를 안은 채 끊임없이 푸르른 잎을 틔우고 다시 떨구는 생명작용을 계속해 나가는 생명체 말입니다. 어쩌면 인간 생명은 역사라는 거대한 나무줄기에 붙어있는 작은 나뭇잎에 불과하다는 생각을 했습니다. 여름이면 태양빛을 받아 영양분을 만들어 나무줄기에 전달하고 가을이면 낙엽으로 떨어지듯, 내 존재 역시 역사라는 거대한 나무줄기에 내가 가진 아주 작은 그 무엇인가를 넘겨주고 사라지는 한 잎 낙엽과 같을 뿐입니다.

인간은 그 자체로 우주를 담은 위대하고 소중한 존재이지만, 한편으로는 역사의 한 점, 잠시 팔랑이다 떨어지는 낙엽에 불과합니다. 하느님은 계절의 윤회처럼 인간 생명이 나고 또 사라지는 가운데 우리를 통하여 '하느님 나라'라는 아름다운 나무를 키우고 계십니다.

피정이 끝날 무렵에 나무들은 어느새 앙상한 가지를 드러내고 있었습니다. 날마다 걷던 산책길이 낙엽에 덮여 울긋불긋 더욱더 아름다웠습니다. 걸음마다 서걱이며 낙엽이 목마른 소리를 냅니다. 빨갛게 물든 아름다운 낙엽은 하나하나 주워들고 자세히 들여다보면 어느 것 하나 성한 것이 없었습니다. 그런데도 한 잎 낙엽은 그 자체로 너무나 신비롭고 아름다웠습니다. 그날 낙엽 하나를 주워 피정 동안 묵상하던 성경책에 꽂으며 저는 이렇게 중얼거렸습니다.

"저기 낙엽들을 봐. 어느 것 하나 제대로 된 것이 없잖아. 하나같이 썩고 벌레 먹고 바람에 찢긴 것들뿐, 그런데도 얼마나 아름다운지…. 삶도 죽음도 두려워할 것 없어. 비바람이 몰아치면 나뭇잎처럼 그냥 펄럭이며 살아. 언젠가 죄스럽고 상처 난 내 인생이 하느님 손바닥에 한 잎 낙엽으로 떨어지는 날, 그래도 나를 아름답게 바라보실 거야. 내가 이렇게 낙엽 하나를 아름답게 바라보듯이…."

山 바람 하느님 그리고 나

제 방 책꽂이에 소중하게 꽂혀있는 책 한 권을 다시 꺼내 읽었습니다. 교회 서적을 많이 접해본 사람들은 제목만 들어도 금방 알 수 있을 김정훈 부제1947-1977의 유고집 「山 바람 하느님 그리고 나」라는 책입니다. 이 책은 오래전 오스트리아에서 유학하던 김정훈 부제가 사제서품을 앞두고 불의의 등반 사고로 세상을 떠난 후, 이듬해 동창 신부들이 그가 남긴 일기를 모아 책으로 발간한 것입니다.

신학생 시절 이 책을 내 일기장이라도 되는 것처럼 책상 머리에 두고 여러 번 읽곤 하였습니다. 얼굴도 본 적 없고 아무런 연고도 없는, 그저 먼저 이 신학교를 살다 간 까마득한 선배일 뿐인 그 부제가 어느덧 서로의 깊은 내면을 나누는 친구가 되었습니다.

그의 30주기 추모 유작전이 열렸을 때 그가 남긴 그림을 보면서 마치 잊었던 오랜 친구를 회상하듯 사제직을 향한 그의 내밀한 고뇌의 한 단면을 다시 한 번 읽을 수 있었습니다. 김정훈 부제는 미술을 정식으로 배우지 않았습니다. 그저 눈앞에 펼쳐진 오스트리아의 아름다운 자연 풍경을 흰 종이 위에 마음이 가는 대로 표현했을 뿐입니다. 그런데도 그의 그림은 여느 유명 화가의 그림만큼이나 가슴 찡하게 그의 삶의 가난과 고독을 전해줍니다. 그가 그린 산에는 산정에서 외롭게 바람을 맞으며 서있는 한 구도자의 고독이 서려있고, 그가 그린 집에는 오순도순 살아가는 인정을 그리워하는 한 인간의 외로움이 담겨있습니다. 그의 일기장 곳곳에 스며있던 하느님을 향한 그리움을 고스란히 백지 위에 옮겨놓은 듯합니다.

김정훈 부제와 함께 산을 올랐던 그의 영적 지도신부는

김 부제가 하느님 품으로 가기 얼마 전에 오른 베텔불프 산정 방명록에 '산, 바람, 하느님과 나, 김 베드로'라는 짧은 글을 남겼다고 전해주었습니다. 그의 유고집 제목이 되기도 한 이 짧은 글이 그의 생의 모든 것을 이야기하고 있는 듯합니다. 마치 수련하듯 산에 올라 온몸으로 바람을 맞으며 하느님에 대한 그리움을 뿜어내던 미완의 사제, 책 제목만 들어도 왠지 가슴 시린 바람이 이는 외로움과 가슴 설레게 하는 하느님을 향한 그리움이 동시에 피어납니다.

뿌리내릴 곳을 찾아 떠다니는 인간 존재는 누구나 예외없이 외로울 수밖에 없습니다. 외로움 때문에 자신이 기댈 인간관계에 집착하고, 공허감을 채워줄 그 무엇을 찾아 소모적으로 시간을 보내기도 합니다. 그러나 부초처럼 떠다니는 인간 존재의 외로움은 자기가 뿌리내리고 성장할 하느님에 대한 그리움일 뿐입니다. 김정훈 부제의 일기는 결국 한 인간 존재의 외로움이 자신의 신앙 결단 안에서 하느님을 향한 그리움으로 승화되어 가는 삶의 단편을 전해주고 있습니다. 그가 그토록 아름답게 바라보던 산과 들, 구름, 달, 나무, 삶의 흔적이 그가 그리던 하느님 나라가 되어 그림으로 걸려있었습니다. 외로움이 아름다움이 되어 그가 안식을 누리

山 바람 하느님 그리고 나
신학생 시절 이 책을 내 일
기장이라도 되는 것처럼 책
상머리에 두고 여러 번 읽
곤 하였다. (사진 제공: 바
오로딸)

는 자리가 되었습니다.

　장맛비가 한 차례 쏴아 하고 쏟아지고 나면 회색빛 콘크리트 숲 속에 살아남은 몇 그루 나무가 신이 난 듯 빗물을 흠뻑 머금습니다. 그 몇 그루의 나무가 아름다운 풍경화를 연출합니다. 그 모습을 바라보며 내 안에 스쳐 지나가는 느낌을 붙잡습니다. 그 느낌을 '외롭다'라고 하는 대신 '그립다'라고 해봅니다. 외롭다고 할 때는 내 안에 채워지지 않는 그 무엇에 대한 갈증이 생기지만, 그립다고 할 때는 만나고 싶은 그 누군가를 기다리는 마음이 됩니다. 돌아가신 부모님, 옛 친구들, 사랑하는 사람들…. 그러나 제게 진정 그리운 이가 누구냐고 물어오면, '산, 바람, 하느님 그리고 나'라는 엉뚱한 대답을 하고 싶어집니다. 외로움을 넘어 하느님을 향한 간절한 그리움의 삶을 살고 싶기 때문입니다.

저는 바로

당신

입니다

'등대풀꽃'이라는 이름을 가진 식물을 아시는지요?

얼마 전 우연히 인터넷 신문을 통해 알게 된 이 풀은 꽃의 이름처럼 멀쑥한 키에 작은 등불을 켠 듯 꽃을 피우는 야생초입니다. 이 보잘것없는 들풀 한 포기가 저의 마음을 사로잡은 것은 '등대'와 '풀꽃'이라는 두 단어가 합성된 이름 때문입니다.

'등대'는 〈등대지기〉라는 노랫말이 아름다워 사춘기 시절부터 가슴속에 꿈처럼 간직하고 있는 단어입니다. 그 꿈이 그저 어떤 그리움을 담은 삶의 갈망 같은 것에 불과한 줄 아는 지금도 그 옛날처럼 등대가 있는 섬을 향해 훌쩍 떠나고 싶은 충동을 느끼게 하는 말입니다. 그러기에 '등대'라는 단어를 이름 속에 간직한 이 작은 들풀에는 제가 꿈꾸던 등대지기의 어떤 의미가 담겨있으리라는 생각이 들었습니다.

'풀꽃' 또한 제가 가장 사랑하는 꽃의 이름입니다. 저는 언제부턴가 산과 들에 지천으로 피어있는 풀꽃을 어떤 꽃보다 더 사랑하게 되었습니다. 굳이 예쁜 이름을 따로 붙여주지 않아도 행복하고, 아무도 봐주는 이 없어도 제자리에서 피고 지는 풀꽃이야말로 우리 삶에 소박한 묵상 거리를 제공하고 있습니다. 밤의 어둠과 고독을 감내하며 생명의 빛을 발해야 하는 등대, 세상 어디엔가 작은 모습으로 소리 없이 살아가는 풀꽃, 이 둘의 숙명적 만남은 '등대풀꽃'이라는 아프도록 아름다운 이름을 만들었습니다.

등대풀꽃은 봄에 싹을 내는 일반적인 1년생 식물들과 달리, 가을에 싹을 틔운 후 겨울을 견딘 다음 이듬해 봄에 꽃을 피운다고 합니다. 굳이 겨울나기를 자초하는 고집스러움이 이 작은 풀꽃을 더욱 아름답게 하고 있습니다. 더구나 한방에

등대풀꽃 가을에 싹을 틔운 후 겨울을 견딘 다음 이듬 해 봄에 꽃을 피우는 등대 풀꽃은 우리의 종교적 갈망 깊은 곳에 계시는 성모님을 닮아있다. (사진: Sphl)

서는 등대풀꽃이 암이나 종기 치료제로도 쓰인다고 합니다.

이런 등대풀꽃은 우리의 종교적 갈망 깊은 곳에 계시는 성모님을 닮아있습니다. 소박하지만 아무나 범접할 수 없는 거룩함을 지닌 그 모습이 꼭 그러합니다. 등대풀꽃의 잘 알려지지 않은 아름다움이 대자연의 세계에 더 깊은 생명과 경이를 안겨주듯, 우리 교회도 곳곳에서 풀꽃처럼 소박하게 살아가며 세상의 구원을 일구어 내고 있는 신앙인이 있기에 신비와 아름다움을 간직하고 있습니다. 등대풀꽃 같은 성모님은 이런 신앙인들의 모범으로 우리 한가운데 계십니다. 이렇게 보면 이 작은 풀꽃은 저뿐만이 아니라 모든 신앙인이 살아내고 싶은 삶에 대한 종교적 갈망을 고스란히 담고 있는지도 모릅니다.

신학교 시절 초록 풀잎이 피어나고 꽃이 만발하는 5월이면 "성모성월이여 제일 좋은 시절, 사랑하올 어머니 찬미하오리다." 하고 성가를 목청껏 부르던 기억이 새롭습니다. 우연히 만난 등대풀꽃의 이야기는 저의 꿈을 일깨우는 성모님의 노래가 되었습니다.

'등대'와 '풀꽃'이 하나로 엮여 등대풀꽃이 되었듯, 제 삶의 소망이 성모님의 삶을 닮은 소박하고 아름다운 등대풀꽃으로 피어나길 바라고 있습니다. 봄이면 지천에 난 수많은 이름 모를 풀꽃, 그 사이 어디엔가 등대풀꽃이 돋아나 이 풀꽃들의 길을 밝혀주고 있습니다. 봄의 언덕은 더욱 밝고 아름다워집니다.

어
머
니
의

묵
주

가톨릭대학 설립 150주년을 기념하며 신학교 사상 처음으
로 신학교 교정에서 평신도를 위한 8일 피정이 있었습니다.
그때 외부 영성지도자로 초대를 받아 저도 혜화동 신학교에
서 머문 적이 있었습니다. 신학교를 떠난 지가 벌써 오래된
터라 제가 머물던 신학교 숙소와 교정은 한층 더 정겹고 아
름답게 느껴졌습니다. 신학교를 짓느라 파헤쳐졌던 낙산의
언덕자락도 그 상처가 말끔히 가시고, 어디선가 풀씨들이

날아들어 무성한 숲을 이루고 있었습니다. 신학생 때 심었던 한 뼘 크기의 느티나무도 이젠 후배들에게 시원한 그늘을 만들어 주기에 충분한 어른 나무가 되어있었습니다.

평신도를 위한 피정 프로그램은 신학생의 생활과 같은 일정으로 짜였기 때문에 저에게도 옛 신학생 시절의 하루를 다시 회고해 볼 수 있는 좋은 기회였습니다. 저녁 식사를 하고 신학생들이 까만 수단을 입고 삼삼오오 교정을 거닐며 하루를 마무리하는 묵주기도를 올리는 풍경은 신학교의 잊지 못할 아름다운 풍경입니다. 신학교 생활 하루 중 가장 행복한 시간을 꼽으라면 당연히 저는 묵주기도를 바치는 이 시간이라고 이야기하곤 합니다. 묵주기도 시간은 혼자 하든 여럿이 함께하든 참으로 행복했습니다.

제가 신학교에서 매일 묵주기도 시간 때 바치던 묵주는 돌아가신 어머니의 유일한 유품이었습니다. 어머니는 중풍으로 고생하시다 제가 신학교 입학을 얼마 앞둔 때 돌아가셨습니다. 입관할 때 어머니가 평소 쓰시던 성물도 함께 품에 넣어드렸는데 알이 굵은 이 낡은 묵주는 슬그머니 어머니 손에서 빼내어 제 주머니에 넣었습니다.

아들이 신학생이 되면 부모의 걱정은 곱절로 더 많아진다고 합니다. 하느님께 바친 자식이 제대로 사제가 될 수 있을까, 어렵고 험난한 길이라고 하는데 그 길을 끝까지 갈 수 있을까 하는 걱정으로 부모의 정성과 기도는 더 깊어집니다. 신학생 때부터 그런 든든한 부모님이 계신 친구들이 무척 부러웠습니다. 그래서 제게는 어머니가 남기신 낡은 묵주가 유일한 위안이었고 어머니의 사랑을 전달받는 도구였습니다.

사실 어머니가 돌아가실 때까지, 아니 더 정확히 신학교 생활을 시작하기 전까지 저는 어머니의 사랑이 뭔지 모르고 살았습니다. 어머니란 존재는 당연히 자식을 위해 헌신하며 사는 사람이라고만 생각했습니다. 아버지가 일찍 돌아가시고 난 뒤 사춘기 병을 지독히 앓던 시절에 어머니는 자식을 위해 아무것도 해줄 수 없는 참으로 볼품없고 약한 여인이었습니다. 어머니가 돌아가시던 날 장례를 치르면서 복받치던 슬픔도 자식으로서 혈육으로서 겪는 슬픔으로만 생각했지 어머니를 사랑하기 때문에 느끼는 슬픔이라는 것을 알지 못했습니다.

그런 저에게 어머니의 사랑이 사무치게 다가온 것은 바로 신학교 시절 교정을 거닐며 어머니가 남기신 묵주로 기도를 바칠 때였습니다. 낙산 오솔길을 혼자 걸으며 뉘엿뉘엿 해지는 풍경을 바라보며 저는 처음으로 어머니에 대한 기억을 떠올렸습니다.

열병을 앓으며 칭얼대는 나를 업고 밤을 지새우시던 어머니, 비가 오는 날이면 우산을 들고 언제 올지도 모르는 아들을 한없이 기다리며 정류장 앞을 서성대시던 어머니, 방황하던 사춘기의 나를 침묵으로 묵묵히 기다려 주시던 어머니, 어머니가 돌아가신 후 처음으로 어머니의 깊은 사랑을 기억하며 묵주기도를 드리는 내내 눈물을 흘린 적이 있습니다. 누구나 그렇듯 저도 어머니에 대한 애틋한 그리움과 사랑을 품고 살고 있음을 깨달았습니다.

육친의 어머니의 사랑은 묵주기도를 타고 어느새 성모님의 마음을 크게 비춰주고 있었습니다. 아들의 주변을 맴돌며 한시도 아들에게서 눈을 떼지 않던 어머니가 저의 어머니였고 바로 성모님이었습니다. 성모님은 묵주기도 알알이 맺힌 내 어머니에 대한 사랑과 그리움을 당신의 품 안에서 녹여주고 계셨습니다. 돌아가신 육친의 어머니를 그리다 만난 천상의 어머니 마리아는 사제가 되어 살아가고 있는 오늘까지 저의 온갖 결점과 부족함을 부드럽게 감싸주시며 지금도 저를 지켜주고 계십니다.

내
가
너
희
를
사
랑
한
것
처
럼

'표사유피 인사유명豹死留皮 人死留名'(표범은 죽어서 가죽을 남
기고 사람은 죽어서 이름을 남긴다)라는 말이 있습니다. 어떤
이가 이를 '표사유피 인사유애人死留愛'라고 고쳐 '사람은 죽
어서 사랑을 남긴다.'고 멋지게 해석한 것을 본 적이 있습니다.

인류 역사에 발자취를 남긴 것은 몇몇 위대한 사람뿐이고
대부분은 세상에 태어나서 역사에 이름도 흔적도 없이 스러
집니다. 하지만 사회를 지탱하고 세상을 아름답게 한 것은

이름 모를 수많은 사람의 보이지 않는 헌신과 사랑이었음을 우리는 잘 알고 있습니다. 대자연의 깊은 아름다움은 이름도 모를 풀꽃, 나무, 산새 들이 맑은 향기와 생명을 건네주는 데 있듯이, 인간 사회도 삶의 자리에서 묵묵히 소리 없이 사랑하며 살다 간 사람에 의해 아름다워지는 것입니다.

2천 년 전 예수님의 생애도 후일에 기록된 성경을 빼놓고 본다면 역사적으로 자료조차 찾기 어려운, 드러나지 않는 삶이었습니다. 지구상의 한 점 팔레스티나 작은 지방을 다니며 소리 없이 병자를 치유하고 고통받는 사람을 위로하며 소외된 사람과 함께하다가 고독하게 십자가에서 죽어간 분이었습니다. 그분이 세상에 남긴 흔적이 있다면 '텅 빈 무덤'뿐이었습니다.

그러나 그분의 이런 소리 없는 사랑은 "말도 없고 이야기도 없으며 그들 목소리조차 들리지 않지만 그 소리는 온 땅으로, 그 말은 누리 끝까지 퍼져나가"시편 19,3-4 세상에 생명을 주는 구원의 향기가 되었습니다. 이것은 소리 없이 묵묵히 살다 갈 우리에게 그분께서 가르쳐 준 삶의 방식이기도 합니다.

그러기에 누군가 저에게 인생의 의미가 무엇이냐고 묻는

다면, 저는 선뜻 '사랑하는 것'이라고 대답하겠습니다. "내가 너희를 사랑한 것처럼 너희도 서로 사랑하여라." 요한 15,12 '기뻐하는 이들과 함께 기뻐하고 우는 이들과 함께 울고' 로마 12,15 필요한 사람에게 필요한 것이 되어주는 사랑, 이것이 성부 하느님께서 당신 아들을 세상에 보내신 이유이듯이, 신앙인으로 부름 받은 우리들의 존재 이유라고 말하겠습니다.

결국 신앙인의 일생이라는 것은 외롭고 모든 것을 잃는 것 같을지라도 그분이 우리를 사랑한 것처럼 '끊임없이 세상을 향해 내어주는 삶'입니다. 세상 사람들은 이름과 흔적을 남기고자 자신을 채워가지만, 신앙인은 이름도 형상도 없는 무형의 '사랑'을 남기기 위해 자신을 나누고 내어줍니다. 모든 것을 내어준 '텅 빈 무덤'과 같은 자리, 그 자리에서 신앙인은 눈부신 주님 부활의 빛을 만나기 때문입니다.

저
는

바
로

당
신
입
니
다

조르주 루오Georges Rouault, 1871-1958의 그림에 관심을 갖게
된 것은 성화聖畵를 통하여 복음 묵상법을 연구할 때였습니
다. 미술을 전공한 어느 신부님께 복음 묵상에 도움되는 그
림을 부탁드리자, 그분이 저에게 보내온 첫 그림이 루오의
작품이었습니다.

　거칠고 두툼한 먹색 선으로 그린 그 그림에서 예수님은
깊은 침묵이 흐르는 캄캄한 밤 달빛에 비치듯 모습을 드러

내고 있었습니다. 〈채찍질당하고 있는 예수 그리스도〉라는 제목이 말해주듯, 살짝 건드리기만 해도 금방 허물어질 듯 서있는 처연한 모습입니다. 마치 내 마음 깊은 곳 어디엔가 현존해 계시는 예수님을 보는 것 같았습니다.

루오의 단순한 이 흑백 그림은 작가의 의도와 상관없이 느낌과 기분에 따라 순간순간 다르게 보였습니다. 어떤 때는 연약한 신앙 탓에 하루에도 숱하게 무너지는 나를 지탱하며 간신히 서있는 예수님 같기도 하고, 또 어떤 때는 잘난 척하며 살아가는 삶의 껍데기를 벗겨내고 남은 허약하고 보잘것없는 나의 참모습 같기도 했습니다. 그때 이후 이 그림은 제 마음 어디엔가 잔상으로 스며 수난의 예수님을 묵상할 때마다 떠오르곤 합니다.

오래전 대전시립미술관에서 240여 점에 이르는 루오의 작품을 전시한 적이 있었습니다. 루오의 그림을 감상할 수 있는 다시없을 기회였지만 좀체 시간을 내지 못하다가 전시회 마지막 날 오후에야 그 기회를 잡을 수 있었습니다. 전시회에는 그의 작품이 어린 시절부터 만년에 이르기까지 연도별로 배열되어 있어, 한 예술가로서 그가 살아온 내면의 역사를 들여다보듯 조심스레 그의 작품을 감상할 수 있었습니다.

채찍질당하고 있는 예수 그
리스도 조르주 루오의 동판
화 연작 〈미제레레〉 58편 중
셋째 작품.

그림을 특별히 좋아하지는 않지만 길을 가다가 전시회가 있으면 비록 이름이 낯선 화가의 작품이라도 그냥 지나치지 않고 둘러보곤 합니다. 미술을 제대로 배워본 적 없는 저는 나름대로 엉터리 미술 감상법을 가지고 있습니다. 전문가들은 작가의 의도와 메시지를 읽어내고 색채와 구도를 보면서 작품을 감상할지 모르지만, 저는 그림을 보면서 일어나는 제 마음에 주로 관심을 둡니다. 조르주 루오의 전시회를 둘러보는 시간 역시 저의 내면 속 풍경을 들여다보는 여정이었습니다.

루오가 그린 작품에는 주로 창녀, 서커스의 유랑배우, 가난한 사람, 법정의 판사, 예수님 등의 인물이 등장합니다. 스테인드글라스처럼 두툼한 선에 투박한 색채로 이루어진 그의 그림은 사람의 마음속에 스며있는 비밀의 빛을 투과시켜 사진을 찍어낸 듯 보여줍니다. 그래서 그의 작품을 한참 보고 있노라면 마음속의 다양한 색깔 물감들이 마치 화학반응을 일으키듯 섞여 여러 모양으로 내면의 얼굴을 그려내는 것 같습니다. 때로는 자기가 아닌 자기를 살아가는 광대였다가, 어둡고 죄스런 얼굴의 창녀가 되기도 하고, 주님의 자비를 기다리는 가련한 인간이 되기도 합니다. 그러나 결국 루오의 그림을 통해 본 내 안의 온갖 부끄러운 자화상들은 다시 수난의 예수님 얼굴 안으로 용해되고 맙니다.

사실 루오의 그림에 나타난 다양한 얼굴들은 표정과 분위기만 다르게 표현됐을 뿐, 루오의 자화상을 닮은 하나의 얼굴로 느껴집니다. '보는 사람이 믿게 될 만큼 감동적인 예수 그리스도의 초상을 그리는 것'이 유일한 소원이라고 입버릇처럼 말했듯이 그가 만년에 이르기까지 그토록 그리고 싶어 하던 예수님은 다름 아닌, 아름답고 숭고한 예수님을 닮은 참된 자아의 얼굴이었음이 분명합니다. 어쩌면 루오가 일생 동안 그린 그림은 자기 본래의 모습을 그리기 위한 습작이었을지도 모릅니다. 루오의 그림을 보기 위해 수많은 인파가 모여든 것도 루오의 그림을 통해 각자 간직한 아름다운 참모습을 그려보고 싶었기 때문일 것입니다.

가을의 빛깔이 울긋불긋 아름다운 것은 여름 나기를 끝낸 푸르른 나뭇잎이 저마다 자기 안에 있는 본래의 아름다운 색깔을 드러내기 때문입니다. 우리 삶의 아름다운 빛깔은 하느님의 모상인 우리 참모습이 드러날 때 나옵니다. 우리 마음속에 떠도는 수많은 색깔들이 때론 세리로, 창녀로, 율법학자로, 나병 환자로 우리의 얼굴을 그려갑니다. 그러나 우리의 목적은 거룩하고 숭고한 하느님이 주신 본래의 모습을 우리 삶을 통해 그려내는 데 있습니다. 조르주 루오는 그 모습을 예수님에게서 찾았습니다.

전시회의 마지막 날 마지막 그림 앞에서 '루오를 닮은 그분'이 루오에게 묻고 있었습니다.

"너는 누구냐?"

그러자 '그분을 닮은 루오'가 답합니다.

"저는 바로 당신입니다."

언젠가 내 삶이 세상에 전시를 끝내는 마지막 날, 내 삶 속에 그려진 마지막 그림 앞에서 루오가 받은 똑같은 질문을 받을 것만 같습니다. 그때 '나를 닮은 그분'이 내게 낯선 분이 아니길 바라고 있습니다.

벽
창
호

예
수
님

혜화동에 있는 가톨릭대학 대성당 안에는 큼지막한 십자가
상이 걸려있습니다. 사제를 양성하는 신학교 성당의 십자가
이니 처절히 고통받는 예수님 모습을 생생하게 표현하고 있
거나, 십자가의 메시지를 강렬하게 전달하면서 작가의 예술
성을 한껏 드러낸 모양일 것이라고 생각하기 쉽습니다. 하
지만 신학교 성당에 있는 십자가상은 그런 기대와는 거리가
멀어 보입니다.

금방이라도 퉁하고 떨어질 것 같은 두툼하고 묵직한 정형화된 십자가와 그 위에 열십자로 팔을 벌리고 있는 무표정한 예수님의 하얀 석고상이 마치 접착제로 고정시켜 놓은 듯 모양새 없이 붙어있습니다. 누군가 십자가 앞에 다가와 살려달라고 아우성을 쳐도, 당신이 도대체 누구시냐고 악다구니를 쓰며 달려들어도 굳게 입을 다물고 꿈쩍도 않을 벽창호 같은 예수님입니다. 그렇게 볼품없는 십자가상이 저의 기억 속에 깊이 각인되어 있는 데는 이유가 있습니다.

수도 생활을 하거나 사제가 되기 위해 신학교 생활을 해본 사람이면 누구나 그렇듯, 저 역시 신학생 시절 공동체 생활을 하면서 처음으로 인간관계의 어려움을 경험했습니다. 그때까지는 사람과의 관계 때문에 어려움을 겪은 적이 별로 없었기에 처음으로 동료에게서 받은 상처는 감내하기 어려운 고통으로 다가왔습니다. '미움'이란 가슴살을 긁히는 것 같은 아픔이라는 것도 처음 알았습니다. 신학교에서 하루에도 몇 번씩 듣고 살던 '사랑'과 '용서'라는 단어가 밀폐된 공간처럼 갑갑하게 느껴졌습니다.

돌아보면 제 삶에서 신학교 시절이 가장 순수한 시기였기 때문에 그랬던 것인지도 모릅니다. 나에게 상처를 주는 친구를 위해 기도한 것도, 웬일인지 그 친구가 방에서 나오지 않는 날에는 대신 밥을 타서 밀어 넣어주곤 한 것도, 대침묵 시간을 어겨가며 그 친구의 방을 방문하여 이야기를 들어준 것도 순수했던 신학교 시절에나 가능했던 이야기인지도 모릅니다. 아무튼 마치 신학교 생활의 승패를 가름하는 숙제라도 되는 듯 한 친구와 씨름을 하며 지내야 했습니다.

미워할수록 끊임없이 사랑을 표현해 주면 언젠가 변화된다는 순진한 믿음 하나 안고 그 친구에게 다가갔습니다. 그런데 이런 저의 기대와는 달리 그 친구는 결국 깊이 화해하지도 못한 채 사제직을 포기하고 신학교를 떠났습니다. 차라리 무관심했으면 더 나았을 것이라는 후회가 밀려왔습니다. 내가 그에게 바쳤던 관심과 정성이 과연 무슨 의미가 있을까 하는 허탈감이 저를 당혹하게 했습니다.

그러던 중 성당 한가운데 붙박혀 있는 그 커다랗고 볼품없는 십자가를 허탈하게 바라본 적이 있습니다. 두툼한 십자가에 사지가 고정되어 있는 무방비한 그 모습, 누군가가 톡톡 치며 조롱을 해도, 왼뺨과 오른뺨을 번갈아 때리며 욕설을 해도 아무런 저항도 반항도 할 수 없는 저 무기력한 상태. 문득 하느님의 무한한 용서와 사랑의 힘은 바로 저런 모습에서 나온다는 생각이 들었습니다.

십자가란 2천 년 전 한 청년이 당신이 만난 사람들을 사랑하고 사랑하다가 힘없이 끌려가 죽은 지구상의 한 점 한 사건을 표현한 것에 불과합니다. 그럼에도 저 볼품없는 십자가가 우리에게 용서가 되고 구원이 될 수 있는 것은 온갖 모욕과 상처를 받으면서도 그분이 남긴 짙은 사랑의 흔적 때문입니다. 그날 십자가를 바라보며 앉아있던 저에게 신학교의 십자가는 떠난 친구와의 만남에 담긴 의미를 전해주었습니다. 그 친구는 비록 신학교를 떠났지만, 그 친구에게 바친 사랑의 흔적은 그의 인생 어딘가에 축복이 되었을 것입니다.

신앙 생활을 하면서 가장 어려운 것이 무엇이냐고 물으면 용서가 어렵다고 하는 분이 많습니다. 관계 속에 사는 인간이기에 삶 속에서 다른 사람과 주고받는 상처가 많다는 이야기겠지요. 함께 살기에는 고슴도치처럼 상대방의 가시가 너무 아프고, 혼자 살기에는 기나긴 겨울이 너무나 춥고 외롭습니다.

서로 다른 배경과 성격이 만나 부부가 되어 사는 것도, 세대 차를 경험하며 자녀와 공동체를 유지해 나가는 것도 쉬운 일이 아닙니다. 더구나 수도원이나 신학교처럼 서로 남

가톨릭대학 대성당 안에 있
는 예수님상 벽창호처럼 고
개 숙인 채 아무런 대꾸도 하
지 않던 신학교의 예수님상
이 보고 싶을 때가 있다.
(사진: 전원)

남이 만나 하나의 이상을 향해 공동체를 이루며 한평생 살아가는 것은 더욱 어렵습니다. 십자가를 바라보며 깨달은, 공동체를 잘 살아가는 작은 비결이 있다면 그것은 내 존재가 내가 만난 그 누구에겐가 '선물'이 된다는 것입니다. 남편에게, 아내에게, 자녀에게, 부모에게, 그 밖에 내가 만난 사람들에게 내 존재는 선물이라고 이해하면 사람들로부터 받는 상처가 훨씬 작아집니다.

예수님은 당신의 전 존재를 세상에 구원의 선물로 내어놓으셨습니다. 당신을 향해 조롱하는 사람도, 당신의 손발에 못을 박고 창검으로 찌른 사람들도 용서할 수 있었던 것은 당신 자신을 세상을 향한 온전한 선물로 인식했기 때문입니다. 내 존재를 통해 누군가에게 건네준 선물이 그 인생에 축복이 되고 구원이 된다면, 오히려 나 자신이 가장 축복받은 사람이 아니겠습니까? 그것이 하느님이 나를 인간 생명으로 이 땅에 보내신 이유가 아니겠습니까?

벽창호처럼 고개를 숙인 채 입을 꾹 다물고 아무런 대답도 대꾸도 하지 않던 신학교의 침묵의 예수님상이 보고 싶을 때가 있습니다. 상처를 받으면서도 한 친구에게 미련스럽게 다가갔던 그 순진했던 시절이 사제가 된 지금 더욱 아쉬워집니다.

　신학교 시절 내내 저에게 선물이 되었던 그 볼품없던 십자가의 이야기를 여러분에게도 선물로 드리고 싶습니다. 이 선물이 여러분의 삶의 이야기로 녹아들길 바랍니다. 그분의 십자가가 구원의 선물이 되었듯, 여러분의 온갖 상처와 아픔이 또한 그분의 십자가의 이야기가 되길 바랍니다. 마침내 여러분의 삶이 그 누군가의 인생을 축복하는 선물이 되길 빕니다.

교회 전례력 중 부활 시기는 땅 위의 생명이 약동하고 온통 세상이 꽃으로 만발하는 가장 아름다운 계절에 자리 잡고 있습니다. 누군가 식물은 그 안의 생명 에너지가 최고로 충만했을 때 꽃으로 터져 나온다고 했지요. 그런 계절에 맞이하는 주님의 부활은 세상을 향한 당신의 사랑이 온통 충만했을 때 터져 나온 기쁨과 환희가 아닐는지요? 부활한 예수님을 만난 제자들이 '기뻐서 어쩔 줄을 몰라했던' 이 황홀한

체험은 스승 예수의 충만한 사랑을 깨달은 사건, 그 사랑의
세계를 힐끗 본 사건이라 할 수 있겠지요.

캐나다 토론토에서 공부를 하던 시절, 우연한 기회에 소
설 「빨간 머리 앤」으로 우리에게 잘 알려진 몽고메리Lucy
Maud Montgomery, 1874-1942의 생가를 방문한 적이 있습니다.
그곳 오솔길에 적혀있던 몽고메리의 짧은 글은 저에게 이런
부활의 의미를 더 깊게 해주었습니다.

  나는 늘 내 삶의 모든 평범한 순간에도
  이상적인 아름다움의 세계가 바로 곁에 있고
  그 세계와 나 사이에 얇은 베일이 가려져 있는 것처럼
  느꼈습니다.
  그 베일을 벗겨서 치워버릴 수는 없었지만
  때로 한 자락 바람이 불어와 베일을 펄럭일 때면
  그 너머의 황홀한 세계를 언뜻 보았습니다.
  그것은 순간적인 일별이었지만,
  그 후 늘 나의 삶을 가치 있게 만들어 주었습니다.

주님의 부활은 단순히 예수님이 발현하신 사건만은 아닌

것 같습니다. 이렇게 인생의 우여곡절 바로 한 겹 너머에 형언할 수 없이 아름다운 세계가 있음을 깨닫게 해주는 사건입니다. 폭풍우가 몰아친 뒤 구름 사이로 언뜻 보이는 찬란한 태양처럼, 도대체 이해할 수 없는 내 삶 너머에 영원한 그무엇이 있음을 감지할 수 있게 해주는 사건입니다. 예수님이 온갖 비유와 행적으로, 결국은 처절히 돌아가시면서까지 알려주고 싶어 하셨던 그 세계, 타보르 산에서 예수님의 영광스런 변모를 목격한 베드로가 그 눈부신 아름다움 앞에 '주님, 저희가 여기서 초막 셋을 지어 지내면 얼마나 좋겠습니까?'마태 17,4라고 외치던 그 세계와의 만남입니다.

부활 사건은 평생 잘 먹고 잘사는 것, 오직 세상에 믿을 것이라고는 내 몸뚱어리밖에 없다는 웰빙 시대의 허구를 폭로합니다. 내 눈에 보이는 세상, 내 귀에 들리는 소리, 내 손에 만져지는 모든 것이 인생의 전부가 아님을 이야기합니다. 인생의 한 겹 그 너머에 '눈이 없어도 보이는, 귀가 없어도 들리는, 손이 없어도 느껴지는' 세계를 가리킵니다.

이 세계는 저 멀리 죽어서나 다다를 수 있는 곳이 아니라, 우리 삶 가장 가까운 데 있습니다. 평범한 일상에서 '세상이 주는 기쁨과 다른 기쁨, 세상이 주는 행복과 다른 행복'을 사는 데 있습니다. 사람들이 성공과 부를 추구할 때, 시류를 거스르며 조용히 가난과 겸손을 사는 곳에 있습니다. 내가 만나는 이웃에게, 나의 존재가 선물이 되어 삶의 축복이 되어 주고 소리 없이 떠난 빈자리에 그 세계가 있습니다. 우리의 순전한 마음 안에 있고, 순결한 사랑 안에 있고, 욕심 없는 빈 마음 안에 있습니다.

주님께서 당신 자신을 온전히 바쳐서 텅 빈 무덤 하나 남기셨듯이, 나를 남김없이 비워낸 내 인생의 텅 빈 자리, 그곳에서 우리도 몽고메리가 언뜻 보았던 황홀하고 아름다운 세계를 볼 것만 같습니다. 그곳에서 예수님의 텅 빈 무덤에서 터져 나왔던 주님 부활의 기쁜 소식을 들을 것만 같습니다.

마치며

전원일기
속   의
시 한 편

제 이름 덕분에 저는 제 일기를 '전원일기'라고 부릅니다. 게으른 탓에 날마다 쓰지는 않지만, 그래도 드문드문 써놓은 일기장에서 언젠가 써놓은 졸시 한 편이 눈에 띄었습니다. 몸과 마음이 지쳐있던 어느 여름날, 휴가를 대신하여 시골 조용한 수도원에서 휴식을 취하다가 수도원 창가에 기대어 생각나는 대로 주섬주섬 적어본 글입니다.

수도원을 휘둘러 싸고 있는 푸른 산을 배경으로 창밖에 서있는 한 그루의 나무가 부러웠습니다. 비가 오면 비가 오는 대로, 바람이 불면 바람이 부는 대로 자연의 섭리에 자신을 맡기고 서있는 저 나무에게는 아무런 고뇌도 아픔도 없을 것만 같았습니다. 나무처럼 저렇게 우리 인간도 자신을 온통 하느님의 섭리에 맡기고 산다면 삶에서 오는 두려움도 고뇌도 없을 것만 같았습니다.

쉴 휴休 자에는 인간과 나무가 나란히 서있습니다. 상형문자인 사람 인人 자와 나무 목木 자가 합쳐진 모양입니다. 인간과 나무가 친구처럼 자연의 섭리 속에 함께 서있을 때 진정한 '쉼'이 가능하다고 해석할 수 있겠지요. 창세기에 드러난 쉼의 의미도 이와 비슷합니다. 우주 만물과 인간은 하느님 안에서 쉬면서 각자 생겨난 본연의 관계와 의미를 깨닫고 더불어 살아갈 새로운 힘과 지혜를 얻습니다.

엿새간의 창조는 이렛날 하느님의 쉼 안으로 수렴되듯, 참된 쉼은 단순히 고단한 일상에서 탈출하는 것만이 아니라 자연의 한 부분으로 돌아가 그분께 우리 자신을 온통 내맡기는 것입니다. '보시니 좋은'창세 1,24 나를 창조하셨으니 모든 것을 선善으로 이끌어 주실 하느님을 믿으며 한 그루의 나무처럼 대자연 안에 나를 내려놓는 것이 '쉼의 시간'입니다.

마지막으로 여러분의 고단한 삶에 쉼의 의미를 더 깊게 할 수 있기를 바라며 '전원일기'의 한 귀퉁이에서 찾아낸 어쭙잖은 이 졸시 한 편을 드립니다.

> 빗소리를 들으면
> 내 안에 비가 내리고
> 바람소리 들으면
> 내 안에도 바람이 일어난다.
> 바닷가에 서면
> 내 안에 파도가 일렁이고
> 산 위에 서면
> 푸른 산자락이 내 안에 드리워진다.
> 밤하늘의 별을 바라보면
> 내 마음 창에도 별이 뜨고
> 달빛이 밝은 날은 내 마음 창가에
> 달이 뜬다.
>
> 이 작은 몸뚱어리 하나에
> 이렇게 온 우주가 담겨있으니
> 이 놀라운 존재의 기적 앞에
> 무엇을 더 말할 수 있겠는가

무엇을 더 바랄 수 있겠는가.

하느님이 이렇게
내 안에 비와 바람을 주셨으니
비가 내리면 마음의 밭을 일구고
바람 불면 희망의 씨앗을 뿌리면 되지.
하느님이 이렇게
내 마음 안에 낮과 밤을 주셨으니
수고로운 낮이면 쉼의 밤을 기다리면 되고
시름에 잠긴 밤이면 동터오는 새벽빛을 기다리면 되지.

하느님이 우주를 섭리하시듯 나를 섭리하시니
해처럼 달처럼 바람처럼 구름처럼
그냥 내어 맡기고 살면 되지.

기쁘면 웃고 슬프면 울고
신이 나면 춤을 추고 외로우면 노래를 불러
그것이 바로 대자연인걸
그것이 바로 나인걸.

'이것이 사는 것이라면
그래, 사는 거다!'

이렇게 마음속으로 외치면
삶에서 오는 어려움이
한결 가벼워집니다.